Tradizioni italiane

271

I fatti, le circostanze e i personaggi descritti nel presente volume sono tratti da atti e documenti giudiziari. Le persone coinvolte nei procedimenti penali di cui si dà notizia sono da ritenersi innocenti fino a eventuale sentenza di condanna definitiva.

Sesta edizione: luglio 2017

Roma, Casella postale 6214

ISBN 978-88-227-1091-8

www.newtoncompton.com

Composizione a cura de Il Paragrafo, Udine - www.paragrafo.it
Stampato nel luglio 2017 da Puntoweb s.r.l., Ariccia (Roma)
su carta prodotta con pasta termomeccanica, senza utilizzo di cloro, proveniente da foreste controllate, nel rispetto delle normative europee vigenti in tema ambientale

Enzo Di Pasquale

Misteri, crimini e segreti della Sicilia

Enigmi archeologici, miti e leggende, delitti insoluti e molte altre storie inspiegabili

Newton Compton editori

A mio padre, immerso nei misteri

Introduzione

La Sicilia è una terra piena di contrasti. Si possono notare, come in una sequenza filmata, viaggiando in treno. Squarci di natura incontaminata si alternano ai fotogrammi di un territorio ferito dall'abusivismo edilizio: una pesante aggressione che si spinge sino a lambire il mare. Anche i colori e gli odori non sfuggono a questa regola: il rosso del succo di pomodoro e il rosso del sangue sparso dalla mafia; l'odore aspro e pungente dei limoni e l'olezzo della spazzatura lasciata al sole. Lo stesso popolo siciliano, cresciuto in questo contesto, non poteva non accogliere in sé le contraddizioni della sua terra: in Sicilia ci sono stati uomini che si sono sacrificati per la libertà e uomini che si sono macchiati dei delitti più infami. Perciò in questo libro troveremo eroi e codardi, uomini onesti e imbroglioni, lavoratori e delinquenti, uomini colti e ignoranti, personaggi reali e creature mitologiche: tutti protagonisti, nel bene o nel male, di una terra storicamente indecisa se attaccarsi allo stivale o lasciarsi andare in balia del mare. Un triangolo dalle sfumature cangianti sperduto nel mare Mediterraneo: è questa la Sicilia, dove i misteri attecchiscono facilmente fino a diventare la metafora della vita quotidiana. Il *boh* dei siciliani, per dire «non lo so», non è solo espressione di omertà, ma spesso rappresenta la condizione di chi ignora la realtà celata dal mistero. Così in Sicilia le storie rimangono a mezz'aria, sospese come gli agrumeti sfiorati dalla luce pastosa del tramonto. Storie dai risvolti enigmatici attecchiscono in queste terre scarse d'acqua, ma ricche d'humus. Sbocciano grazie alla fantasia popolare, ma anche agli uomini che hanno lottato e a quelli che si sono arresi. Sono i simboli della Sicilia ad aprire la rassegna dei misteri: il Triscele, Colapesce e le storie del mito. Si prosegue poi in ordine cronologico, con un messaggio lanciato diecimila anni fa dalle remote grotte di Levanzo alle generazioni future, per giungere alle storie dei nostri giorni, coperte dal segreto di Stato. Molte cose sono cambiate in questo lungo percorso storico, ma molti affascinanti misteri sono rimasti immutati. Il tempo non è ancora riuscito a svelarli.

Una misteriosa testa a tre gambe

Il primo mistero siciliano è il suo stesso simbolo: una testa a tre gambe priva di corpo, i cui capelli sono serpenti intrecciati con spighe di grano. Si tratta della Gorgone, uno dei mostri della mitologia Greca. Le gambe simboleggiano i tre promontori più estremi dell'isola: nella punta ovest Capo Lilibeo, o Capo Boeo, a Marsala; nella punta nord-est Capo Peloro a Messina; nella punta sud Capo Passero a Siracusa.

Conosciuto anche con il nome di "triscele", questo simbolo è più comunemente noto come Trinacria. È presente anche negli stemmi di alcune dinastie nobili europee: i Rabensteiner di Francia, gli Schanke di Danimarca, i Drocomir di Polonia, e in quello di Gioacchino Murat, che fu re delle Due Sicilie all'inizio del 1800. Compare anche nello stemma del casato degli Stuart d'Albany d'Inghilterra, probabilmente per il loro dominio anche sull'isola di Man, nella cui terra sventola la bandiera con la Trinacria.

Questa figura era diffusissima nell'antichità e appare in diverse culture, con significati vari, spesso di natura propiziatrice ed esoterica. Ma la sua origine è ancora un mistero. Sono state avanzate tre ipotesi: quella dell'origine fenicia, basata sul ritrovamento in Tunisia di un monumento con l'effige della triscele che sembra riferirsi al dio del tempo, Baal; quella dell'origine greca nel v secolo a.C. poiché il simbolo era raffigurato sugli scudi e sugli elmi allo scopo di spaventare i nemici; e quella dell'origine minoica nel VII secolo a.C., basata sul ritrovamento, nei pressi di Agrigento, di una ceramica di origine arcaica con la raffigurazione di una triscele. Ma non è possibile trarre conclusioni certe.

Nonostante il simbolo sia stato utilizzato in Sicilia in modo continuativo, solo dal gennaio 2000 una legge regionale stabilisce che la bandiera siciliana venga esposta all'esterno delle sedi istituzionali, degli istituti scolastici di ogni ordine e grado, e negli edifici in cui sono costituiti seggi elettorali in occasioni delle elezioni per il rinnovo del Parlamento siciliano.

Ma il provvedimento ha acceso polemiche, poiché secondo alcuni la Trinacria sarebbe riconducibile alla simbologia religiosa orientale. Andrebbe dunque rimossa dal gonfalone della Sicilia in quanto «contrasta con la cultura del cristianesimo». A sostegno di questa tesi sono state raccolte migliaia di firme.

Al contrario, c'è chi vede nella Trinacria un simbolo solare. La testa gorgonide che sta al centro avrebbe un valore apotropaico, cioè di talismano portafortuna. Infatti, secondo la tradizione mitologica, la testa della Gorgone aveva il potere di pietrificare i nemici, mentre le tre gambe rappresenterebbero i raggi del sole.

Colapesce: storia o leggenda?

Sapete perché la Sicilia non affonda? Ma perché c'è Colapesce naturalmente, il primo supereroe della storia. È lui che sostiene la terza colonna pericolante situata sotto l'estrema punta della Sicilia, nelle profondità delle acque che bagnano Messina.

E chi è Colapesce?

Colapesce è un eroe che con spirito di sacrificio ha rinunciato alla vita terrena per impedire che la sua Trinacria sprofondasse negli abissi. Secondo la leggenda, Colapesce era un ragazzo che amava in maniera smisurata il mare, figlio primogenito di un pescatore messinese e abile nuotatore. Le sue gesta erano note in città. Si diceva di lui che avesse i polmoni che si adattavano al mare e che fosse dotato di una forza sovrumana. Trascorreva molto tempo in acqua e si divertiva a perlustrare i fondali in apnea. Divenne l'informatore ufficiale dei pescatori locali, ai quali forniva utili notizie sulle condizioni del mare, disincagliava le reti, recuperava gli attrezzi, ed era anche un esperto di correnti marine. Tuttavia Colapesce entra nella leggenda a seguito di una sorta di maledizione lanciatagli dalla madre. Il ragazzo aveva l'abitudine di ributtare a mare il pesce ancora vivo pescato dal padre. Un giorno la madre lo sorprese mentre ridava la vita a una murena e lo rimproverò: «Tuo padre e i tuoi fratelli si sacrificano per pescare il pesce e tu lo ributti in acqua. Questo è un peccato mortale! Possa anche tu diventare pesce!». Da qui la metamorfosi del ragazzo, che gradualmente acquisì alcune caratteristiche tipiche dei pesci e cominciò a trascorrere la maggior parte del tempo in acqua. La sua fama crebbe di giorno in giorno, tanto da arrivare nientemeno che alla corte del re di Sicilia, Federico II. Il re, incuriosito, decise di metterlo alla prova. Il sovrano organizzò un incontro sulla propria nave e dopo avergli parlato un po' gettò in mare una coppa d'oro massiccio. «Se riuscirai a prenderla sarà tua!», lo sfidò. Colapesce si tuffò e recuperò il trofeo. Il re gli preparò una prova più ardua: prese la sua corona, la agganciò a una pesante zavorra e gli disse: «Prendi questa se ne sei capace». Colapesce impiegò due giorni e due notti per trovarla. Alla fine riemerse con in mano la preziosa corona, ma aveva anche delle notizie importanti da comunicare al re: «La Sicilia è sorretta da tre colonne in direzione delle tre punte, e una di esse è pericolante». Allora il re si sfilò l'anello e lo lanciò nel tratto di mare più profondo: «Trova questo! E portami notizie più precise».

Prima di tuffarsi negli oscuri abissi Colapesce prese con sé una manciata di lenticchie: «Sire, se vedete riemergere le lenticchie è il segnale che non tornerò più». Seguì una lunga attesa, finché una mattina si vide come un ribollire di acque, e le lenticchie che riaffioravano. Il re capì che Colapesce si era sacrificato: sarebbe stato lui a sorreggere la Sicilia.

Questa è la leggenda, con un'infinità di varianti.

Italo Calvino la inserì nelle sue *Fiabe italiane*. Renato Guttuso la dipinse nella volta del teatro Vittorio Emanuele II di Messina. I cantastorie hanno raccontato le sue avventure, e diversi cantautori hanno musicato testi a lui dedicati. È una delle leggende più rappresentate nelle scuole siciliane. Addirittura, Colapesce è stato chiamato in causa, ironicamente, durante il dibattito sul ponte di Messina: «Con questo ulteriore sovraccarico non ce la farà a sostenere la Sicilia».

Ma si tratta solo di una leggenda?

In realtà si dice che Colapesce sia realmente esistito. Era un certo Nicola, figlio di un pescatore di Punta Faro, che aveva molta dimestichezza con il mare. Riusciva a scendere in apnea per diversi metri e stabilì un record per quei tempi, tanto da stuzzicare la curiosità del re, il quale volle in qualche modo metterlo alla prova.

L'enigma delle nove Aci

Siamo in provincia di Catania, in una vasta area che ruota attorno alla rocca di Aci Castello. Qui si registra un curioso record: ci sono ben nove località accomunate dal medesimo prefisso, Aci. Si tratta di cinque comuni – Aci Castello, Aci Catena, Aci Sant'Antonio, Aci Bonaccorsi, Acireale – e quattro borgate – Aci Trezza, di verghiana memoria, Aci San Filippo, Aci Santa Lucia, Aci Platani. Qual è la ragione? Non si tratta certamente di un caso.

Un mito spiega questa particolarità toponomastica. Nelle *Metamorfosi* di Ovidio si racconta di un grazioso pastorello di nome Aci che pascolava il gregge sui pendii scoscesi dell'Etna. Si era perdutamente innamorato di una bellissima ninfa del mare di nome Galatea. Questa fanciulla, figlia di Nereo (antico dio del mare) e di Doride, rifiutava le continue *avance* del ciclope deforme Polifemo. Cedette invece al fascino del giovane pastore, amandolo teneramente in una notte di plenilunio. Poi si rituffò felice tra le onde schiumose dello Jonio, sulla scia del riflesso lunare. Polifemo, roso dalla gelosia, scagliò contro Aci un macigno di pietra lavica, uccidendolo. Galatea, disperata, pianse per diversi giorni e notti sul corpo maciullato del giovane amante. Gli dèi, commossi da quel gesto e dall'immenso amore che legava i due giovani, trasformarono Aci in una sorgiva d'acqua dolce che si gettava in mare, proprio in quel punto della riva dove si era consumata la tragedia. Così Aci si fuse eternamente con la sua ninfa.

Pare che nell'area di Aci Castello affiorasse effettivamente un corso d'acque sotterranee, impetuose e fresche, acute come un dardo, che venne perciò denominato *Akis* (in greco, "terminante a punta, acuto") e che diede il nome all'intera zona. Perciò il mito servirebbe a svelare un fenomeno geologico: l'incredibile fertilità di questo terreno vulcanico, che avrebbe acceso la fantasia degli scrittori.

Tralasciando il mito ovidiano sull'origine del nome, è verosimile l'ipotesi di un insediamento originario di popolazioni sicule attorno alla rocca Saturnia, denominato Akis Saturnia.

Da qui, per sfuggire alle violente eruzioni vulcaniche che piovvero fin sulla costa, si sarebbero staccati quei gruppi che, sparsi nel territorio, avrebbero dato origine ai molteplici nuclei, le varie Aci. Secondo un'altra leggenda invece, Polifemo avrebbe smembrato il corpo del povero Aci in nove parti, tante quanti sono i centri che lo ricordano.

Un messaggio che risale a diecimila anni fa

Nel 1949 venne casualmente scoperta la Grotta del Genovese a Levanzo, così chiamata dal nome della contrada dove si trova. Al suo interno fu rinvenuto un documento straordinario per la storia della nostra civiltà: tracce di messaggi primitivi in cui religione e cultura si fondono misteriosamente.

Fu una turista, la pittrice Francesca Minellono, a capire per prima l'importanza dei graffiti tracciati sulle pareti. La donna si imbracò a una corda e si inoltrò nell'antro. Quello che si presentò ai suoi occhi la lasciò sbalordita, e così abbozzò degli schizzi che mostrò a un suo amico, il paleontologo Paolo Graziosi.

L'anno successivo i due ritornarono a Levanzo.

Graziosi, dopo approfonditi studi, pubblicò un libro sulle misteriose pitture e incisioni tracciate con tinture ocra e nere, ottenute con il carbone e il grasso di animale. Il segno, preciso e sicuro, è rimasto immortalato nella roccia da oltre diecimila anni. Quel luogo non era dunque un semplice riparo: qualcuno aveva voluto lasciare una traccia.

All'interno della grotta si svolgevano riti magico-religiosi? O si trattava piuttosto di una libera interpretazione della realtà da parte dell'artista?

Nella parte più bassa si trovano graffiti paleolitici che rappresentano uomini stilizzati impegnati in una sorta di danza. Sono incisi anche cavalli, bovini, suini, cervidi e animali domestici, probabilmente cani. Nella parte più alta vi sono pitture di età neolitica. Rappresentano figure umane e la fauna del luogo, ma la cosa più straordinaria è la sagoma di un tonno, che fa supporre che anche a quei tempi si praticasse la pesca, in un tratto di mare che nei secoli futuri sarebbe stato teatro di movimentate mattanze. I disegni degli animali sono piuttosto elaborati, mentre quelli umani sono molto semplici, composti da linee verticali e orizzontali.

Alcuni hanno voluto vedere in queste immagini la rappresentazione di un momento di raccolta spirituale, un intimo dialogare tra l'uomo e la natura. Gruppi di uomini sembrano galleggiare sulla parete rossiccia e sono proiettati verso l'alto, come se fossero in un'estasi mistica. Le incisioni e i disegni, anche se molto semplici, sono di grande fascino poiché evocano riti magici a cui i primitivi erano soliti ricorrere per propiziarsi una buona battuta di caccia. Uno dei più suggestivi graffiti è certamente quello raffigurante il cervo con lo sguardo rivolto all'indietro. La figura dell'animale restituisce l'immagine di un movimento elastico. Particolare anche la scena del toro che insegue una mucca.

Il ritrovamento è ancora più straordinario, se si considera che è la prima volta che vengono scoperte in Italia tracce di pittura a parete di epoca preistorica. La datazione, eseguita con la tecnica del carbonio 14, fa risalire le incisioni al 9680 a.C. Durante successivi scavi archeologici, eseguiti negli anni Sessanta, è stato anche rinvenuto lo scheletro di un elefantino nano. Non si tratta tuttavia di una scoperta singolare, in quanto questa specie era molto diffusa nell'area del Mediterraneo. Proprio gli elefanti nani sarebbero all'origine del mito di Polifemo, ambientato in quest'isola. I loro teschi avrebbero tratto in inganno gli antichi, spingendoli a ipotizzare l'esistenza di giganti con un solo occhio, come era appunto l'omerico Polifemo. In realtà il foro al centro dell'enorme testa non era altro che la cavità della proboscide.

La Sicilia conserva quindi in un santuario preistorico un enigmatico messaggio, risalente a oltre diecimila anni fa.

Le strane tombe di Pantelleria

L'isola di Pantelleria si trova tra la costa sud-orientale siciliana e la Tunisia, ed è più vicina a quest'ultima che all'Italia. È di origine vulcanica e fu colonizzata da Fenici, Cartaginesi, Romani e Arabi. Nonostante l'isola si confermi una miniera di reperti archeologici di epoca romana, la vera attrazione è costituita da misteriose strutture, rinvenute nell'area di Mursia, che hanno incuriosito gli studiosi.

Ma facciamo un passo indietro nel tempo. Prima che dai Fenici, Pantelleria fu abitata dai Sesi, una popolazione neolitica che forse si stanziò qui per l'estrazione della preziosa ossidiana, la pietra nera e lucida adatta per le armi. Di questa stirpe, di cui si sa ben poco, restano invece particolari costruzioni chiamate "sesi", che hanno dato il nome al popolo stesso: un termine inventato dai panteschi, i quali con il nome "sesi" indicano tutte le collinette formate da cumuli di sassi.

Si tratta di monumenti megalitici a forma di cupola, modellati a spirale con macigni lavici. Il più interessante è il sese del Re o sese Grande, alto sei metri. Presenta undici ingressi, con dodici corridoi che conducono ad altrettante celle funerarie disposte tutte intorno al muro perimetrale. I defunti venivano sepolti in posizione fetale, con la testa rivolta a ponente, verso l'interno, e i piedi in direzione dell'uscita della galleria. Si tratta di una forma di sepoltura unica al mondo.

Perché questa singolare disposizione?

Lo scopo sembrerebbe quello di creare un legame che unisse i defunti oltre la morte.

Gli studiosi ipotizzano che i corpi, sistemati in posizione fetale, fossero suddivisi per segno astrologico o che in qualche modo i dodici cunicoli fossero in relazione con le costellazioni. Per quale ragione? È possibile, come dicono alcuni, che questa pratica avesse lo scopo di proteggere la comunità e i loro discendenti o di metterli in contatto con il cielo? Sono tanti gli interrogativi che ancora non hanno trovato risposta.

Per diversi decenni la funzione del sese è rimasta incerta: non si riusciva a capire se si trattasse di un'abitazione o di un monumento funebre. Poi, in seguito a diversi scavi, si è scoperto che molti contenevano resti umani con il corrispettivo corredo funerario. C'è però anche un'altra ipotesi che mette in dubbio che si tratti solo di tombe. Si pensa infatti che alcune di queste costruzioni fossero in qualche modo legate alla preghiera e avessero una funzione divinatoria. Un fatto è certo: si tratta di monumenti unici al mondo, anche se si nota una certa somiglianza con i nuraghi sardi costruiti nel II millennio a.C.

Pare che queste costruzioni siano opera del popolo che probabilmente si stanziò per la prima volta sull'isola circa cinquemila anni fa, quando il vulcano Gelficamar era ancora attivo. Di questo popolo non si conosce l'origine. Anche qui gli studiosi sono divisi: secondo alcuni proveniva dalla Libia, per altri era di origine iberica o addirittura, secondo una tesi più recente, era sceso dal Nord Europa. Indubbiamente, oltre a sapere lavorare l'ossidiana, questi uomini divennero esperti di opere in muratura. La costruzione che cattura maggiormente l'attenzione degli studiosi è il sese del Re. Si suppone che fosse la tomba della famiglia dominante del villaggio.

Secondo gli studi dell'archeologo Paolo Orsi, nei primi del Novecento sull'isola di Pantelleria dovevano essere presenti una sessantina di sesi, ma in origine avrebbero superato le centinaia. Poi, gradualmente, sarebbero stati demoliti per recuperare e riutilizzare il materiale. Le strutture più piccole (che non superano il metro di altezza) vengono chiamate dagli abitanti di Pantelleria sesi minori, mentre quelle più grandi (il sese più alto raggiunge i sei metri) sesi maggiori. Tutti presentano delle aperture rettangolari esterne, che permettono di accedervi a carponi attraverso un corridoio. Queste differenze indicano che probabilmente la popolazione era divisa secondo la stirpe e il rango.

La mitica Atlantide sommersa nel canale di Sicilia

Siamo nell'estate del 1957. Il capitano Raimondo Bucher, medaglia d'oro al valore sportivo, esplora assieme al fratello i fondali del canale di Sicilia, tra l'isola di Linosa e il golfo della Sirte. I due rimangono incantati davanti a una mastodontica muraglia di natura vulcanica che si getta fino a una profondità di circa sessanta metri. Gli esperti sommozzatori (Bucher era stato il primo campione del mondo d'immersione in apnea nel 1950) non ebbero dubbi che quei fondali, in prossimità di Linosa, conservassero straordinarie testimonianze archeologiche, che non potevano essere ignorate. In una seconda immersione, infatti, si trovarono davanti a qualcosa di molto più interessante: una sorta di idolo faraonico circondato da centinaia di anfore. Le sorprese non erano finite: tra un groviglio di alghe un'altra statua dalle forme imprecisate catturò la loro attenzione. Si dice che il capitano avrebbe scattato alcune foto subacquee, ma alla stampa sarebbero risultate poco nitide, considerata l'attrezzatura del tempo e la profondità.

Questa storia, dimenticata per più di mezzo secolo, riemerge nell'inverno del 2010 quando, in prossimità degli stessi fondali, alcune navi della marina libica scoprono i resti di diversi edifici urbani. Attorno vi sono anche frammenti di sculture, vari oggetti metallici e la testa di Melqart, un eroe semidivino, nume tutelare della città fenicia di Tiro. Questi e altri preziosi reperti sono stati recuperati per essere esaminati da una équipe di esperti di archeologia subacquea. C'è stato un rigoroso riserbo sui rinvenimenti, ma si è avanzata un'ipotesi clamorosa: si tratta forse dei reperti dell'antica Atlantide? La località del ritrovamento è nota ai pescatori come la Dimora di Satana, una sorta di minuscolo Triangolo delle Bermuda, dove si sono registrati frequenti e gravi danni alle attrezzature da pesca.

Parlare di Atlantide a molti sembra una esagerazione frutto di fantasia, ma le coordinate coincidono con il sito della leggendaria isola indicato dallo studioso ed esperto di storia dell'arte Alberto Arecchi. Sulla base di meticolose ricerche, Arecchi ipotizza che il mitico regno descritto da Platone nei *Dialoghi* sia realmente esistito e che si trovi al centro del Mediterraneo. L'argomento meritava certamente di essere approfondito, ma purtroppo la sanguinosa guerra civile in Libia ha confinato ancora una volta nel dimenticatoio la straordinaria scoperta.

C'è chi ritiene impossibile che i reperti siano tracce riconducibili ad Atlantide, in quanto localizzati a una profondità eccessiva – quattrocento metri – e ben lontano dalla costa. Altri però controbattono affermando che tra il VII e il VI millennio a.C. il livello del Mediterraneo era molto più basso rispetto a oggi, per cui l'area interessata dalla ricerca poteva benissimo essere illuminata dal sole e pullulare di gente. Platone descrive una vasta pianura fertile al largo delle coste tunisine, che si spingeva fino alle estremità occidentali della Sicilia. Qui si sarebbe sviluppata una potenza marittima, una civiltà molto avanzata. Sarebbe stato un catastrofico maremoto a spazzare il bassopiano di Atlantide e a inghiottirla, facendola entrare nella leggenda.

L'alveare dei defunti

Pantalica è una sconfinata città dei morti. Migliaia di loculi sono scavati nella roccia calcarea, che restituisce l'immagine di un immenso alveare. Ma queste stesse nicchie sono state anche adibite ad abitazioni rupestri: è un misterioso alternarsi di vita e morte.

Il premio Nobel Salvatore Quasimodo nel visitare questi luoghi scrisse: «Ecco Pantalica con le sue tane tombali scavate quarantacinque secoli prima di Cristo, fitte come celle d'alveare».

Passando sotto il costone si viene colpiti dall'immagine surreale di un gigantesco tempio abbandonato. È l'impronta marcata di un popolo scomparso, perduto nel tempo. Qui fiorisce l'asfodelo, il fiore dei morti, con i suoi larghi petali che guardano il sole.

Siamo in presenza della più grande necropoli rupestre d'Europa. Tombe a parete si gettano sull'Anapo, detto "il fiume invisibile" per il fatto che in molti tratti del percorso scompare nel sottosuolo. La necropoli si trova a cinquecento metri sul livello del mare e comprende oltre cinquemila tombe, scavate nelle balze rocciose senza un apparente ordine.

Il nome Pantalica deriva dall'arabo *buntarigah*, che significa appunto "grotta".

Il posto, a cinquanta chilometri da Siracusa, oggi fa parte della riserva naturale che comprende anche la valle dell'Anapo e il torrente Cava grande.

La necropoli, oggi sito dell'UNESCO, è la testimonianza di un'antichissima civiltà distrutta dai Greci quando fondarono Siracusa. Infatti è quanto rimane dell'antica Hybla, capitale di un piccolo regno che ebbe vita tra il XIII e l'VIII secolo a.C., intitolato al suo ultimo re, Hyblon. Siamo in un'epoca in cui le città della Grecia classica devono ancora nascere, e non si conosce ancora il ferro. È l'età del bronzo e l'epoca degli eroi omerici.

Non era un luogo molto accogliente: queste aspre terre erano difficili da coltivare e in generale le condizioni di vita non dovevano essere molto favorevoli. L'acqua veniva attinta dalle profonde e desolate valli, e portata su faticosamente.

Secondo quanto riportano gli storici, questo fu uno dei primi centri abitati della Sicilia orientale. Nel 1500 lo storico e teologo Tommaso Fazello identificò Pantalica con la mitica Erbesso, un'antica città sicula in seguito alleata di Siracusa. Altri studiosi invece sostengono che Erbesso sorgesse nel territorio di Piazza Armerina.

Quella che ruotava attorno a Pantalica era tuttavia una civiltà particolare, cancellata dai conquistatori greci che imposero la propria cultura. Rimangono a testimonianza le circa cinquemila tombe con un assetto assolutamente suggestivo. La loro collocazione a parete rende anche difficile la visita dei loculi. Vi è solo un sentiero dal versante occidentale, occultato nella macchia, che permette di accedere a questo misterioso luogo di morte. Ma non tutte le tombe sono raggiungibili così facilmente: per accedere ad alcune di esse è necessario calarsi con le corde.

Se questa era l'area del riposo eterno, dove si svolgeva la vita? È possibile che questa popolazione abitasse lungo le strette fiancate del massiccio, come sostengono alcuni studiosi?

Il vero enigma riguarda la necropoli. Forse era legata a un rito che celebrava il fasto della fecondità e della morte, il ripetersi del ciclo dell'universo?

Ulisse alle Egadi

L'*Odissea* è ambientata nelle isole Egadi? Il poema si presta da sempre a svariate interpretazioni, poiché Omero fa compiere al marinaio Ulisse una rotta immaginaria, in cui si mescolano posti reali e fantastici.

Dell'*Odissea* trapanese si parlò a partire dagli inizi del Novecento dopo la pubblicazione del libro di Samuel Butler, *The Authoress of the Odyssey*, dove si sostiene che l'*Odissea* sarebbe stata scritta nientemeno che da una giovane donna siciliana e si indica come ambientazione geografica il panorama trapanese, e in particolare le isole Egadi. L'ipotesi avanzata dallo scrittore inglese, traduttore dell'*Iliade* e dell'*Odissea*, fu accolta dalla comunità accademica e dalla maggior parte dei letterati trapanesi, a lui contemporanei, con scetticismo e diffidenza.

Ai nostri giorni, grazie al mutamento dei codici culturali, la teoria butleriana, riproposta da altri letterati e studiosi, ha beneficiato di un'accoglienza diametralmente opposta, restituendo così a quelle che venivano definite "divagazioni letterarie" una giusta dimensione nella storia della cultura. E così questa teoria, per quanto possa sembrare assurda, ha avuto un forte impatto nella storia della letteratura inglese e naturalmente di riflesso nel territorio trapanese.

Recentemente la teoria dell'origine siciliana dell'*Odissea* è stata ripresa da una giovane dottoressa in archeologia di Favignana, Deborah Piredda, che ne ha fatto oggetto di studio nella tesi di laurea magistrale in Ricerca, documentazione e tutela dei beni archeologici, dal titolo *Le isole Egadi: documentazione archeologica, fonti classiche e immaginario*.

In particolare, Butler identifica Scheria con la città di Trapani, luogo descritto nella traduzione di Ippolito Pindemonte come un porto «irto di navi, una piazza brulicante di uomini che trattano i loro affari, che sono lì e hanno il pensiero sulle terre vicine o lontane a cui approdano e scaricano e caricano per tornare ancora lì ove è la famiglia e ove è il riposo dopo i rischi del mare». La montagna che sovrasta questo porto non sarebbe altro che la vetta di Erice. Addirittura Itaca sarebbe Marettimo, la più lontana dell'arcipelago egadino, mentre Favignana altro non sarebbe che l'isola delle Capre. Nel complesso le isole Ioniche corrisponderebbero dunque alle isole Egadi.

Un altro elemento che fa pensare a Butler alla costa trapanese è lo scoglio del Malconsiglio, all'ingresso del porto di Trapani, che ricorda nella forma una nave pietrificata. Butler lo collega infatti con l'episodio della trasformazione della nave dei Feaci in masso a opera di Nettuno, proprio all'imboccatura di Scheria.

Butler giunse a tali conclusioni dopo avere visitato personalmente questi luoghi, accompagnato dal fidato amico Mr H. Festing Jones e dalla guida locale, tal Pietro Sugameli. Venne in Sicilia ben tre volte, nel 1892, nel 1894 e nel 1896.

Infine, come ricorda l'archeologa Piredda, Butler aggiunse, per rafforzare la sua tesi: «I due piccoli isolotti di Formica, al largo di Trapani, che fanno anch'essi parte dell'arcipelago egadino, altro non sono che il secondo macigno scagliato da Polifemo».

A chi lo accusava di avere troppa fantasia, l'eclettico scrittore inglese rispondeva: «È riconosciuto da tutti, eccetto da quelli che trovano più conveniente il contrario, che i Feaci erano un popolo residente in una località che portava il nome di Drepane, che è abbastanza simile a Depranum, l'antico nome di Trapani».

In ogni caso Ulisse, dopo la partenza da Troia, sarebbe approdato in Sicilia, dove avrebbe compiuto il periplo dell'isola, anche se alcuni storici – ma si tratta di un'esigua minoranza – sostengono che gli eventi narrati nell'*Odissea* non si sarebbero svolti nel Mediterraneo, ma nei mari dell'Europa settentrionale.

Un popolo dalle origini misteriose

Anticamente la Sicilia era abitata da tre diverse popolazioni indigene: gli Elimi a occidente, i Sicani al centro, i Siculi a oriente. Se si conosce molto dei Sicani e dei Siculi, non si può dire altrettanto degli Elimi. Le loro origini sono tuttora misteriose.

Nella mitologia greca, Elimo era il figlio illegittimo di Anchise. Giunse in Sicilia seguendo la fuga di Enea dopo la distruzione di Troia. Decise di fermarsi nell'isola fondando numerose città, in accordo con il re Egeste che aveva accolto i profughi troiani. Secondo l'*Eneide*, invece, Elimo non ha legami di parentela con Enea, ma sarebbe semplicemente un suddito del mitologico re siciliano Egeste. Elimo, come riportano gli scritti, partecipò alle funzioni funebri celebratesi a Erice in onore di Anchise, un particolare che dimostrerebbe la sua vicinanza alla famiglia.

Proprio questo misterioso personaggio avrebbe dato il nome agli Elimi, un popolo certamente non di origine greca, ma probabilmente derivato da una mescolanza di genti autoctone con popolazioni provenienti dall'Egeo.

Tucidide, uno dei massimi esponenti della letteratura greca, scrive: «Gli Elimi erano fuggiti da Troia dopo che la città venne distrutta. Per evitare di essere catturati dagli Achei, un gruppo di Troiani fuggì e dopo un avventuroso viaggio attraverso il mar Mediterraneo approdò in Sicilia insediandosi al confine del territorio sicano. Fondarono le città di Erice e Segesta e, fondendosi con gli indigeni, presero il nome di Elimi». Anche Plutarco fa riferimento alle origini troiane dei segestani. Insomma, si trattò probabilmente di rifugiati politici di alto rango.

Per le vantate origini troiane, Segesta, che al momento della distruzione contava diecimila abitanti, poté beneficiare di un trattamento di favore da parte dei Romani. Città privilegiata perciò, ma misteriosa. La stessa scrittura conteneva caratteri greci, pur non essendo di lingua greca, mentre vi sono altre lettere, ritrovate incise nella pietra, che risultano ancora indecifrabili.

Esistevano legami culturali tra la città di Segesta e gli Elimi? Le ricerche archeologiche non hanno mai chiarito questo aspetto.

Dunque furono due popolazioni distinte?

Si sa che gli Elimi furono un popolo colto e raffinato. Pur essendo soggetto agli influssi dominanti della cultura greca siceliota, non fu mai però in posizione subalterna, come le altre popolazioni indigene della Sicilia. Non solo: gli Elimi mantennero rapporti con le città limitrofe cercando di conservare sempre una propria autonomia, ma erano dotati di uno spiccato senso d'orgoglio, che li portava a non confondersi con le altre popolazioni. Si registrano tuttavia legami di *sympoliteia*, di doppia cittadinanza, con le città alleate, il che comportava alleanze militari, la messa in comune dei beni e delle rendite da santuari o da porti e mercati, lo scambio dei diritti di epigamia.

Secondo Diodoro Siculo, gli Elimi fondarono Entella, nell'entroterra palermitano, di cui però non rimangono tracce; Solunto, dove oggi si può ammirare il sito archeologico; Erice, che ospitava un importante centro religioso; Iaitias, su una collina che domina l'odierna San Giuseppe Iato, e la stessa Segesta.

Segesta in seguito si è ellenizzata, come dimostrano la presenza del magnificente tempio dorico e il teatro greco alla sommità del monte Barbaro. Da lì si domina il golfo di Castellammare, la città dove si trovava l'*emporium Segestanorum*, come lo definì Ptolomeo Strabone.

Gli Elimi resistettero all'attacco della colonia greca di Selinunte, ma conobbero la devastazione di Pirro e caddero sotto il dominio romano. Si distinsero però dalle altre popolazioni, tanto che ancora oggi quando qualcuno cerca di spiccare per cultura ed eleganza si dice che si vanta di avere origini elime.

Un tremendo rito sacrificale

Siamo a Mozia, un fazzoletto di terra di appena quarantacinque ettari, una delle quattro isole della laguna dello stagnone di Marsala, sulla costa occidentale della Sicilia. È così piccola che difficilmente si comprende come abbia potuto avere un ruolo tanto prestigioso nella storia, tanto da diventare la più importante città fenicia della Sicilia.

Quando si imbocca il sentiero polveroso che permette di effettuare il periplo dell'isoletta, si rimane affascinati dalla laguna che la circonda e increduli al pensiero che si sta passeggiando in quella che fu un'importante colonia fenicia dell'VIII secolo a.C.

La posizione strategica rese Mozia un obiettivo ambito sia dai cartaginesi che dai siracusani. Proprio questi ultimi, guidati dal tiranno Dionisio il Vecchio, la distrussero e per un lungo periodo di tempo fu dimenticata.

Risorse secoli dopo grazie a un uomo di grande cultura, Giuseppe Whitaker, un discendente di una famiglia inglese trasferitosi in Sicilia, che alla fine dell'Ottocento avviò i primi scavi archeologici. L'isola, come la maggior parte delle colonie fenicie, era una stazione commerciale e fungeva da punto di appoggio alle navi in rotta nel Mediterraneo. Era protetta dall'isola Longa, un tempo unita alla terra, e dalle acque poco profonde che impedivano un attacco navale. Queste erano le difese naturali che furono poi integrate dall'uomo per rendere inespugnabile l'avamposto. Nel VI secolo a.C. Mozia venne circondata da una cinta muraria con torri di guardia.

Al di là del suggestivo luogo, l'isoletta conserva due misteri. Uno è rappresentato dal *choton*, un piccolo bacino artificiale di forma rettangolare collegato al mare da un canale. Non è chiaro ancora a cosa servisse realmente. Alcuni archeologi pensano che si trattasse di una sorta di porto per imbarcazioni leggere e piccole, barche da supporto che facevano la spola tra l'isola e le navi commerciali ancorate al largo. Altri pensano che si trattasse di un bacino di carenaggio.

Il secondo mistero riguarda il *tophet*, uno dei luoghi più interessanti dell'antica città. Si tratta di un'area sacra fenicia, dove venivano deposti vasi che contenevano ceneri umane. Più precisamente, è un cimitero di bambini. E fin qui nulla di strano, se non si trattasse di innocenti vittime sacrificali.

Le vittime erano i primogeniti maschi. Questa pratica rituale era molto diffusa, e doveva servire a ottenere la protezione degli dèi. Il neonato veniva immolato, poi bruciato e le ceneri raccolte conservate in un vaso di terracotta. In alcuni casi la vittima veniva addirittura bruciata viva. Tale barbara pratica si mantenne per parecchi anni, tanto che furono creati diversi strati per la sistemazione delle urne cinerarie, spesso accoppiate con stele votive. Il rito sacrificale veniva compiuto dai sacerdoti, principalmente in onore di due divinità, Tanit e Baal Hammon. In alcune steli è incisa un'iscrizione dedicata a quest'ultimo. In qualche caso, e questo rimane al momento inspiegabile, i bambini venivano sostituiti con agnelli o uccelli. Il ritrovamento di così numerosi vasi, cippi e steli ha contribuito a restituirci un'immagine negativa dei Fenici. Ne viene fuori infatti un popolo sanguinario e cruento. Un popolo che ha fatto, nel bene o nel male, la storia della Sicilia a partire dall'VIII secolo a.C.

Recenti scavi però hanno fatto venire alla luce urne contenenti resti di feti e bambini di diverse età. Si tratterebbe di neonati morti durante il parto o per malattie. È risaputo che la mortalità infantile era molto alta. Secondo questa tesi perciò il *tophet* non era altro che un cimitero riservato ai decessi prematuri. Tuttavia, che ci fossero a quei tempi sacrifici di bambini viene riferito anche da scrittori classici.

Il *tophet* di Mozia rimane così un mistero che difficilmente potrà essere chiarito.

Xiphonia, una città fantasma

Una città fantasma che viene citata in alcuni libri, mentre in altri è del tutto ignorata, come se non fosse mai esistita. Un vivace agglomerato urbano, abitato da intellettuali, gente colta, filosofi, matematici, astronomi, aristocratici. Sarebbe Xiphonia, una misteriosa città greca, individuata nel territorio catanese fra Aci Catena, Acireale e Aci Castello. Una città di cui oggi non esistono tracce materiali. C'è stato invece uno storico dibattito sulla sua reale esistenza. Diodoro Siculo riporta che Xiphonia sarebbe stata fondata dai greci nel VII secolo a.C. su un promontorio che dominava il fiume Aci. Il geografo greco Strabone la individua nel tratto di costa di Acitrezza e la baia di Capomulini, dove sarebbe avvenuto l'episodio di Ulisse e Polifemo. La collocazione geografica di questa misteriosa città, secondo altri, sarebbe vicino l'attuale Augusta, nella provincia di Siracusa, con uno sbocco sul mare mediante il porto Xiphonio. Qui in effetti la presenza greca fu importante e culturalmente incisiva.

Ammesso che Xiphonia sia mai esistita, come è possibile che sia del tutto scomparsa senza lasciare traccia?

Alcuni sostengono che è stata cancellata da una poderosa eruzione dell'Etna avvenuta nel 230 a.C. Sarebbe stata rasa al suolo dal magma vulcanico e sulla solida piattaforma lavica, dopo secoli, venne costruita l'Akis romana, quell'avamposto che assunse un ruolo rilevante durante la seconda guerra punica. Famose furono in quella zona le terme, alimentate dalle acque sulfuree provenienti dal vulcano. I primi a riconoscerne le efficaci proprietà terapeutiche furono i Greci, che vi edificarono le costruzioni termali denominandole terme Xiphonie.

Il mito di Xiphonia viene descritto dai poeti Virgilio e Ovidio, che in questi luoghi ambientarono la storia d'amore e di passione tra la ninfa Galatea e il pastorello Aci. Siamo appunto nell'area delle Aci e tutti i paesi e frazioni con tale prefisso vantano la discendenza da Xiphonia, la città che non c'è più o che forse non è mai esistita.

Bisogna però ricordare che, negli anni Cinquanta, nella contrada Vigna vecchia di Aci Castello vennero alla luce tracce di quella che poteva essere un'ampia necropoli ellenistica. Vent'anni dopo furono scoperti altri elementi che potevano ricondurre alla presenza di un antichissimo agglomerato. Il materiale archeologico rimane conservato, ma non è stata mai avviata una sistematica campagna scavi.

Xiphonia rimane sepolta nel mistero, terreno fertile per il fiorire di storie leggendarie.

Si dice che Xiphonia non era un luogo per tutti e che vi avevano accesso solo gli studiosi. Era assolutamente vietato l'uso delle armi e le uniche sfide concesse erano di tipo intellettuale.

Nei corridoi sotterranei di Agrigento

Si ode un vento furioso, cupo, come se da un momento all'altro dovesse arrivare una tempesta. Si cammina sopra un segreto sotterraneo. A ogni passo un respiro, a ogni respiro un brivido.

A provocare queste singolari sensazioni sono gli ipogei di Agrigento, che corrono sotto il suolo urbano. Una fitta rete di corridoi – che rappresenta l'anima in subbuglio della città – si intreccia tessendo miti e leggende.

Chi ha scavato queste gallerie? In quale occasione? Perché?

La tradizione fa risalire gli ipogei al v secolo a.C., all'opera dell'architetto Feace. Probabilmente furono costruiti dagli schiavi cartaginesi deportati ad Akragas dopo la battaglia di Imera. Non tutti questi corridoi sotterranei avevano la stessa funzione. La maggior parte di essi serviva per convogliare le acque; in altri invece si nota una tecnica di costruzione diversa, tanto da far pensare che siano stati scavati per l'estrazione del tufo arenario utilizzato per la costruzione degli edifici della città a valle. È interessante ascoltare le storie che si tramandano attorno ai misteriosi tunnel. I più anziani affermano che sono diligentemente curati dai loro principali abitatori, uccelli malinconici che amano le tenebre e il mistero.

Un fatto curioso è avvenuto qualche anno fa, quando alcuni turisti americani, passeggiando per il centro storico di Agrigento, avvertirono dei rumori provenienti dal sottosuolo e chiesero alla gente del luogo se lì vicino ci fosse per caso una fermata della metropolitana.

Una mattina invece si sentì una sorta di trambusto – rumori concitati, scalpitii – proveniente dal sottosuolo. Avevano ragione alcuni anziani: erano gli uccelli sotterranei che forse stavano per organizzare una rivolta contro gli uomini, oppure si contendevano porzioni di tunnel. Non restava che andare a verificare.

Un gruppo di persone coraggiose si armò di macchine fotografiche, torce e qualche bastone in caso di attacco. Gli esploratori scesero nell'ipogeo in corrispondenza della chiesa di Santa Maria dei Greci. Fu grande la delusione quando si scoprì che ad animare la vita sotterranea delle gallerie non era stato altro che un gruppo di studenti che avevano marinato la scuola. Storie come queste, arricchite anche di particolari fantastici, ce ne sono a centinaia. Nessuna però chiarisce a sufficienza l'affascinante mistero legato ai tunnel. La quantità stessa delle ipotesi ci fa capire che probabilmente le gallerie sono state utilizzate per diversi scopi.

L'intreccio sotterraneo degli ipogei agrigentini segue un percorso di circa diciassette chilometri, che si dirama in quattro tronchi individuabili in superficie nelle zone del colle di Agrigento, di Monserrato, dello Sperone, della rupe Atenea. In quest'ultima area si trova il più intricato: l'ipogeo, detto del Purgatorio, a cui si accede dalla piazza omonima. È un vero e proprio labirinto. Presenta due colonne doriche vicino alle quali riposa un leone dormiente.

Anche sotto il teatro storico di Agrigento, dedicato a Luigi Pirandello, scorrono delle gallerie, alcune in corrispondenza delle strutture del palco, altre alle spalle. Si tratta dell'ipogeo conosciuto con il nome di Acqua amara. Questo aveva la precisa funzione di approvvigionare di acqua potabile le antiche fontanelle della zona.

Queste gallerie sono state percorse da celebri viaggiatori. Ad attrarre letterati, storici, artisti, archeologi è proprio la loro forma labirintica, che ha contribuito a creare il mistero. Al di là del loro singolare fascino, oggi però gli ipogei pongono un serio problema che riguarda non solo la loro stabilità, ma anche quella degli edifici sovrastanti.

Il segreto della cava abbandonata

Nel territorio di Campobello di Mazara, in provincia di Trapani, c'è un sito archeologico molto particolare, chiamato le Cave di Cusa. Fa parte di un parco, di recente intitolato all'archeologo Vincenzo Tusa. Si tratta di cave di pietra con banchi di calcarenite distribuiti per due chilometri fino alla costa. Oggi si possono contare più di sessanta massi cilindrici, seminati qua e là tra gli alberi e la macchia mediterranea.

Questo sito non è celebre come le vicine rovine della più occidentale colonia greca siciliana, Selinunte. Ma per gli archeologi è un libro aperto, dove poter studiare le tecniche usate per la lavorazione della pietra. Qui infatti veniva estratto il materiale per le costruzioni dei templi selinuntini.

C'è un mistero legato a questo luogo: dopo una lunga attività di estrazione – dal VI al IV secolo a.C. – pare che la cava sia stata abbandonata in maniera piuttosto frettolosa. Che il luogo sia stato evacuato si intuisce dal fatto che si vedono blocchi appena abbozzati, altri in fase di ultimazione della scultura progettata, capitelli, elementi di architravi. Qui lavoravano centinaia di operai, ma anche persone specializzate come gli abili scalpellini e gli scultori, eredi della grande scuola del VI secolo. Da qui veniva estratto il materiale che venne utilizzato soprattutto per i capitelli delle imponenti colonne del tempio G dedicato a Zeus. Insomma, era un cantiere movimentato, con abitazioni destinate ai lavoratori e alle loro famiglie. Vi si conduceva una vita abbastanza tranquilla, e spesso il luogo era visitato da architetti e letterati che suggerivano frasi da incidere sulla pietra.

Si stima che le persone impegnate nelle cave fossero circa centocinquanta. La tecnica di estrazione era impegnativa e complessa: si tracciava il perimetro o la circonferenza del blocco da estrarre e attorno si scavava un solco di circa mezzo metro. A questo punto intervenivano gli scalpellini, che lavoravano la pietra con cunei, picconi e seghe di bronzo. Gli strati più duri venivano frantumati con cunei di legno inzuppati d'acqua. Quando si dilatavano riuscivano a rompere la pietra. I blocchi poi venivano estratti per mezzo di argani o, quando erano più pesanti, fatti scivolare su piani inclinati. Attorno ai blocchi ultimati veniva costruito un originale congegno di legno di forma circolare, che serviva per trasportarli a Selinunte con l'impiego di animali da traino.

Tutto questo lavoro si bloccò improvvisamente. Qualcosa di strano dovette accadere poiché, nell'arco di pochissimo tempo, i residenti fecero fagotto in fretta e furia e andarono via.

Perché le cave vennero abbandonate?

Pare che la causa principale sia stata la minaccia, nel 409 a.C., del sopraggiungere dell'esercito cartaginese guidato da Annibale Magone. La distruzione di Selinunte in effetti avvenne di lì a poco.

Stava davvero arrivando il temibile esercito di Annibale? O piuttosto, come recentemente ha sostenuto qualche archeologo inglese, ci fu un terremoto così forte da costringere tutta la popolazione a evacuare?

Una cosa è certa: in questo sito sembra che il tempo si sia fermato, tanto che oggi qui si possono individuare tutte le fasi di lavorazione della pietra, fino alle tecniche di trasporto dei megablocchi da impiegare nell'acropoli selinuntina.

Il poeta strangolato

Teocrito era un poeta di grande pregio, ma amava la satira così tanto da non conoscerne i limiti. Forse fu proprio questa sua passione a portarlo alla morte. Potrebbe essere paragonato a un moderno comico, che con estro e finezza prende di mira i politici di turno.

In realtà si sa pochissimo di questa geniale figura. Sarebbe nato intorno al 310 a.C. a Siracusa. Probabilmente trascorse l'infanzia e l'adolescenza nella città natale, dove entrò nella stretta cerchia della corte del potente tiranno Gerone, figlio illegittimo del nobile Ierocle e discendente di Gelone, tiranno siracusano del V secolo a.C. Teocrito esalta la figura del potente nell'idillio XVI, in cui tesse le lodi di Gerone per ingraziarsene i favori.

Ma non era uomo da rimanere ingabbiato: aveva sete di conoscenza e viaggiò molto, giungendo persino ad Alessandria, dove trovò un ammiratore illustre nella persona di Tolomeo II Filadelfo re d'Egitto, figlio di Tolomeo I e di Berenice. Il re, niente affatto incline alla guerra (le imprese militari le lasciava ai suoi generali), era uomo pacifico, amante delle arti, e accoglieva pregevoli letterati e artisti famosi. Tra questi appunto il siciliano Teocrito, del quale divenne il mecenate.

In quel periodo Alessandria era animata da un vivace dibattito culturale che vedeva due schieramenti contrapposti: da un lato i sostenitori del poema tradizionale di tipo omerico e dall'altro i fautori di un nuovo modo di concepire la letteratura e la poesia, che doveva essere caratterizzata dalla brevità dei componimenti, dall'erudizione e dalla cura formale. Nella disputa Teocrito prese le difese di quest'ultima corrente.

Viaggiò ancora per fare infine ritorno in patria, dove però trovò la morte. Nella sua terra importò la moderna tecnica del mimo, con esilaranti scenette che ironizzavano sull'ambiente borghese. A quei tempi questi tipi di spettacoli, per così dire "leggeri", venivano presentati in occasione di festività religiose. Teocrito rappresentava generalmente scorci di vita quotidiana, vicende di gente comune, mimi anche volgari. Tutti ridevano, fino a quando non alzò il tiro prendendosela persino con il figlio di Gerone di Siracusa. Quando corse voce che Teocrito prendeva in giro anche la famiglia del tiranno, non ebbe scampo! Per tale ragione pare che sia stato strangolato.

Tuttavia la morte del poeta mimo rimane un mistero, tanto da entrare nella leggenda. Ci sono però due versi nell'*Ibis* di Ovidio che potrebbero essere riconducibili a questo drammatico epilogo: «Come al poeta siracusano è stata serrata la gola, / così alla tua anima, con un laccio, sia chiusa la via».

Del resto Teocrito non temeva nemmeno gli dèi, come scrive ancora Ovidio: «Teocrito siracusano, poeta che parlò male di Giove e di Diana, impazzì al punto che impiccarsi volle».

Ci sono molti dubbi che si sia suicidato per impiccagione. È più probabile che sia stato costretto a mettersi un cappio al collo per l'accusa di vilipendio.

Un tesoro nascosto nelle viscere della terra

In una grotta nel parco archeologico di Segesta c'è un tesoro nascosto, e gelosamente custodito. Si trova nella valle sovrastata dal tempio dorico, a pochi chilometri della storica città di Calatafimi, in una scarpata chiamata La Fusa. Si tratta di un luogo magico: è la terra degli Elimi, il popolo dalle origini ancora sconosciute.

La grotta è occultata da arbusti e circondata da una folta macchia mediterranea. Presenta una camera d'ingresso e nella parte alta c'è un cunicolo che conduce a una seconda grotta, da cui infine si giunge a una sorta di pozzo, profondo circa dieci metri, dove bisogna calarsi con l'imbracatura. Si potrà notare una colonna formata da una stalattite e una stalagmite. In fondo al pozzo si aprono due grotte: sono due camere comunicanti. In una vi è incisa una data: 1929. Probabilmente un visitatore ha lasciato questa traccia del suo passaggio.

Proprio qui sarebbe sepolto un leggendario tesoro, protetto, secondo la tradizione, dalla mitica figura dell'angelo Matteo. A Calatafimi circola voce che il guardiano sia stato un eremita che abitava nella grotta; altri invece dicono che era uno spirito, un angelo con il preciso incarico di custodire il prezioso tesoro e difenderlo. Ma di che tesoro si tratterebbe?

Nel 307 a.C. Segesta subì un'incursione ordinata dal tiranno siracusano Agatocle. Ci fu una carneficina, ma alcuni riuscirono a nascondersi nella grotta, portando con sé le ricchezze di Segesta. Come mai a distanza di millenni questo tesoro non è mai stato scoperto? Sembra che sia stata lanciata una maledizione: «Chi toccherà il tesoro non uscirà vivo dalla grotta!». Si tratta di una forma di protezione, uno dei metodi di sicurezza preventivi più antichi ed efficaci, utilizzato nelle sepolture per impedire che vengano profanate. Pare che in questo caso l'avvertimento abbia funzionato: nessuno ha mai osato addentrarsi nella gotta dell'angelo Matteo.

In questa grotta, storia e leggenda si intrecciano e si confondono. L'angelo, secondo alcune testimonianze dei primi del Novecento, brandiva una mazza a difesa del tesoro. Alcuni storici collegano questa figura a quella leggendaria di Ercole, che divenne re di Erice dopo avere vinto una sfida di pugilato. Erice a quei tempi era una città prosperosa. I suoi preziosi tesori vennero trasferiti a Segesta, prima della sanguinosa battaglia contro i selinuntini. Si trattava di una mossa diplomatica da parte degli abitanti di Segesta: mostrare di possedere oro e ricchezze in abbondanza per convincere Atene che era conveniente intervenire in aiuto della loro città, sempre più minacciata da Selinunte. Quest'ultima infatti cercava affannosamente uno sbocco commerciale sul Tirreno nell'attuale golfo di Castellammare, in pieno territorio di Segesta.

Chi sarebbe in realtà l'angelo Matteo? Il teologo Giuseppe Bruccoleri, studioso calatafimese di angelologia, non ha trovato nessun documento che parli di un angelo di nome Matteo. Non ne esiste traccia nemmeno negli scritti apocrifi. Ma non c'è dubbio che questo mistero ha suscitato parecchio interesse tra i calatafimesi, tanto che numerosi sono stati i visitatori della grotta, nonostante le insidie. Tuttavia nessuno mai ha osato spingersi oltre. Il monito, quella "maledizione" messa a sicurezza del tesoro, lo ha sempre protetto. Lo stesso Giuseppe Bruccoleri, che ha visitato la grotta, ha ammesso di non essersi spinto oltre. Non c'è stata mai una ricerca scientifica al suo interno, nessuno scavo archeologico. Si può dire perciò che l'area è pressoché inesplorata. Se si chiede il motivo di tale titubanza, i calatafimesi risponderanno: «Non ci credo, ma potrebbe essere vero», per rispetto o per timore dell'angelo Matteo.

La sanguinosa battaglia che colorò il mare di rosso

Sull'isola trapanese di Favignana c'è un'insenatura, sul versante nord-orientale, che prende il nome di Cala Rossa. Il nome deriva dal fatto che qui si sarebbe svolta la storica battaglia tra la flotta romana e quella cartaginese durante la prima guerra punica. In questo drammatico episodio, pare infatti che il mare si sia tinto di rosso a causa del sangue versato dai soldati uccisi.

È possibile che la battaglia si sia svolta proprio in questo ristretto specchio d'acqua?

In effetti il mare è già profondo a pochi metri dalla riva. È probabile che duemiladuecento anni fa le condizioni fossero ancora più favorevoli per la navigazione, e che non vi fosse alcun pericolo di rimanere insabbiati, cosa che in battaglia avrebbe significato la fine.

Si può considerare solo leggenda che Cala Rossa debba il suo nome al sangue versato dai guerrieri? Alcune fonti dimostrano che il conflitto navale non si è svolto qui, ma in un'area a nord dell'isola di Levanzo.

Tra il 2000 e il 2004 i carabinieri del Nucleo tutela patrimonio culturale di Palermo hanno sequestrato vari reperti della storica battaglia, tra cui un rostro in bronzo a tre lame con iscrizioni latine risalenti al III secolo a.C. Ancora altri rostri ed elmi sono stati recuperati dalle reti a strascico dei pescatori. Le vere ricerche sono state avviate nel 2006 con il contributo di una fondazione statunitense che ha messo a disposizione la nave oceanografica *Hercules*, dotata delle più moderne strumentazioni di bordo per la ricerca subacquea.

Nel giugno 2008, a quattro miglia marine a nord-ovest di Levanzo, viene intercettato, capovolto sul fondale sabbioso, un pesante pezzo bronzeo della prua di una nave romana.

Nell'agosto del 2010, sempre nello stesso punto, ancora un rostro, a conferma che la battaglia era avvenuta da quelle parti. Una ricerca scientifica, coordinata dalla Soprintendenza del mare della Regione siciliana, viene avviata nell'autunno del 2011. Due archeologi subacquei, Stefano Ruia e Gian Michele Iaria, in quell'occasione hanno individuato ben dieci elmi di legionari romani, con la classica punta a pigna, e non molto distante un rostro, verosimilmente appartenuto alla nave su cui erano imbarcati i soldati. Sono stati recuperati con mezzi meccanici, e si è visto che vi erano incise iscrizioni latine e portavano i segni inequivocabili del sanguinoso scontro.

Nel giugno del 2012 è stato trovato l'ottavo rostro, adagiato sul fondo sabbioso a circa ottanta metri di profondità. Nella stessa area sono stati intercettati altri importanti reperti: due elmi del tipo Montefortino, piccole suppellettili di uso di bordo e una grande quantità di materiale anforaceo di varia tipologia. Secondo gli esperti ancora molti altri reperti sono sepolti nel fondale sabbioso. Sarebbero i resti della battaglia delle Egadi, al largo di Trapani, che chiuse la prima guerra punica sancendo l'inizio della supremazia della flotta romana.

Nella cruenta battaglia, combattuta il 10 marzo del 241 a.C., presero parte circa duecentomila soldati. Ecco come andarono i fatti. Cartagine dominava commercialmente nel Mediterraneo. Fino a quando fu in vigore il trattato di navigazione con Roma, tutto andò bene. La *pax* durò alcuni secoli, ma quando i Mamertini di Messina chiesero l'intervento dei Romani per difendersi dai

Cartaginesi, il trattato venne sciolto e Roma non esitò a inviare un proprio esercito.

Nella prima guerra punica la battaglia navale combattuta a largo delle Egadi fu quella decisiva. I romani volevano a tutti i costi scacciare definitivamente i Cartaginesi dall'isola, convinti che la vittoria avrebbe decretato il controllo della Sicilia. Ma le condizioni del mare erano sfavorevoli ai Romani, il nemico avanzava speditamente con i venti che spiravano da ovest. Così descrive lo storico Polibio questo episodio: «I Cartaginesi, vedendo i Romani che avevano bloccato la rotta della traversata, ammainarono le vele e dopo che gli equipaggi delle singole navi si furono incitati alla battaglia, si gettarono sui nemici».

Cosa fece invece il console Caio Lutazio Catulo, che guidava la missione romana?

Adottò una strategia d'attesa, schierando la flotta su un'immaginaria linea orizzontale per sbarrare la navigazione ai Cartaginesi. Era una particolare tecnica a cui i soldati si erano preparati bene. A quel punto i suoi guerrieri sarebbero andati all'arrembaggio. Come si potrà immaginare lo scontro fu cruento, si arrivò subito al corpo a corpo. E il mare si tinse di rosso.

Chi ha inventato il cannolo?

Il cannolo, assieme alla cassata, è il dolce più rappresentativo della Sicilia. Ma è certamente il cannolo quello più richiesto.

Da anni è in atto una disputa tra vari comuni che si contendono la paternità di questo fortunato dolce formato da una cialda di pasta fritta riempita di ricotta zuccherata. Le sue origini sono antichissime, ma rimane misterioso il luogo dove sia stato inventato. Sono in molti a rivendicare la paternità del cannolo.

Fatto sta che questo dolce era conosciuto settanta anni prima della venuta di Cristo. Cicerone, nel periodo della permanenza in Sicilia con l'incarico di questore, cita un dolce che potrebbe essere il cannolo: «*Tubus farinarius, dolcissimo edulio ex lacte factus*» (tubo farinaceo fatto di latte per un dolcissimo cibo).

Per la sua forma cilindrica il cannolo è stato eletto a simbolo sessuale e per un lungo periodo fu il dolce tipico del Carnevale. Proprio durante il Carnevale, il cannolo era oggetto di scherzo: non mancava mai nei vassoi colmi di cannoli quello con il "trucco", ossia con la scorza riempita di cotone idrofilo anziché di ricotta. Ci cascavano i più golosi, poiché il cannolo truccato era spesso quello più appariscente, il più curato e farcito.

Avendo avuto tanto successo, il cannolo è ora un ospite fisso della pasticceria siciliana. Non solo: il prestigio di un bar dipende spesso dalla qualità del cannolo, che si accompagna molto bene alla tazzina di caffè. Anche l'origine del nome è controversa: "cannolo" in dialetto indica la cannula di una fontana dove scorre l'acqua. Potrebbe però derivare dall'antica procedura di preparazione della cialda. La pasta infatti veniva arrotolata su cilindri di grosse canne di fiume. Da qui il termine accrescitivo "cannolo", grossa canna.

La città più accreditata come patria del cannolo potrebbe essere Caltanissetta, che porta come prova una leggenda. L'antico nome di Caltanissetta era *Kalt el Nissa*, che in arabo significa "castello delle donne". Ebbene, a quei tempi la città era sede di numerosi harem di emiri saraceni. Le favorite dell'emiro si dedicavano anche alla preparazione di dolci. Alcune di esse, ispirate dalle doti amatorie del sultano, avrebbero preparato il cannolo a immagine e somiglianza del membro maschile. Ecco perché il cannolo rappresenta un simbolo fallico.

Altre voci maliziose affermano invece che il cannolo sia uscito dalle pudiche mani di certe monache di clausura del palermitano.

Al di là della sua origine, è una delizia mettersi in bocca un cannolo di pasta croccante ripieno di ricotta di pecora. A proposito, se volete gustarne a pieno la fragranza, chiedete che vi sia riempito al momento di mangiarlo, altrimenti si corre il rischio che si afflosci poiché il vapore della ricotta viene assorbito dalla cialda.

A Piana degli Albanesi, altro comune che vanta la paternità del cannolo, viene annualmente organizzata una festa in suo onore, la Sagra del cannolo: qui questi dolci assumono proporzioni davvero esagerate.

L'enigma della croce più antica del mondo

Casteltermini è un paesino di circa diecimila abitanti in provincia di Agrigento, adagiato su una collina a pochi chilometri dalla strada a scorrimento veloce per Palermo. È interessante visitare questo tranquillo centro per vedere l'eremo di Santa Croce, dove è custodita una monumentale croce lignea, una delle più antiche al mondo.

Si tratta di un raro reperto paleocristiano di quercia. Alla luce degli esami al carbonio 14 eseguiti su una scheggia dall'Istituto internazionale di ricerche geotermiche di Pisa, risulta che la croce sia stata costruita intorno al 12 d.C. Siamo in ogni caso nel primo secolo dell'era cristiana.

Alcuni anni fa è stata restaurata presso l'opificio delle Pietre dure di Firenze, dove un gruppo di esperti le ha restituito la dignità di un tempo. Ormai da secoli, per ricordare il ritrovamento di questo prezioso cimelio del cristianesimo, nella quarta domenica di maggio viene organizzata la caratteristica Festa di Santa Croce, localmente nota come Sagra del Taratatà.

In questa occasione si snodano per le strade del paese lunghe processioni a cavallo con la partecipazione di un tradizionale gruppo folcloristico. Si balla un'antica danza araba di carattere grottesco, la moresca. Si anima poi un primitivo rito propiziatorio di primavera, scandito da tamburi, che viene eseguito da discendenti di tribù arabe residenti nei territori limitrofi.

Ma chi entra nella chiesetta rimane colpito dalla sobria semplicità e affascinato dall'alone di leggenda che circonda la croce. Accattivante la storia del suo ritrovamento, che si confonde con la leggenda. Un pastore notò che una delle sue vacche giornalmente si allontanava con gli armenti in direzione est e si inginocchiava in un preciso punto del campo. Il fenomeno incuriosì il vaccaro, che iniziò a scavare, e continuò a farlo per diversi giorni. Rimase sorpreso quando la zappa toccò qualcosa di duro. Si trattava appunto dell'enorme croce. Da solo non riuscì a dissotterrarla, tanto era pesante. Così, con una imbracatura la legò al toro. Neanche il possente animale riuscì a smuoverla, sembrava radicata. Il vaccaro ebbe timore di violare la santità del sacro reperto. Solo alcuni anni dopo la croce venne smossa e in quel preciso luogo si edificò l'eremo di Santa Croce.

Rimane un mistero la sua origine. Certamente non era servita per le crocifissioni. Alla sua sommità si nota una minuscola nicchia che probabilmente custodiva una reliquia. La croce presenta un altro enigma: sul tronco verticale, vicino a un chiodo che lo unisce al tronco orizzontale, si notano due tagli longitudinali con delle scritte. Nel primo rigo è inciso il classico I.N.R.I. e nel secondo una sequenza di lettere: P.M.H.L.S.D.P.C.N. Si tratterebbe, secondo l'ipotesi del 1890 di Vincenzo Gaetani, dell'acronimo *Pro Martyribus Huius Loci Saeviente Decii Persecutione Cruce* ("Ai martiri di questa terra morti in croce durante la persecuzione di Decio"). Una sorta di ricordo del martirio subìto dai cristiani da parte dell'imperatore romano Decio nella metà del III secolo d.C. Rimarrebbe però indecifrata la lettera N.

Secondo un'altra ipotesi, invece, l'anagramma andrebbe tradotto con la frase: "Di sua mano questo legno il sacerdote don Paolino Chiarelli scolpì". Ma secondo l'antropologo Giuseppe Pitrè la scritta è indecifrabile, come affermò in una sua opera del 1875, *Fiabe, novelle e racconti popolari siciliani*: «*Nun si pò lejiri da nisciuna pirsuna*».

Ancora oggi la croce di Casteltermini suscita tanta curiosità e, ammirandola, è quasi possibile scorgervi l'alone di mistero che la circonda.

Il castagno più grande del mondo

Nel comune di San'Alfio si può ammirare un albero sovrano, maestoso. È l'albero degli alberi, un vecchio castagno denominato "dei Cento Cavalli". Si tratta di un esemplare plurisecolare, i cui polloni si dispongono in una circonferenza di circa cinquantotto metri. Si erge in altezza per ben ventidue metri. Roba da guinness. Secondo autorevoli studi scientifici, si tratta del castagno più grande del mondo e in generale dell'albero più grande e più antico d'Europa.

A proposito dell'età di questo magnifico esemplare ci sono delle opinioni divergenti: gli si attribuisce una vita compresa tra i duemila e i quattromila anni. Nel XIX secolo il botanico Filippo Parlatore stimò che l'albero avesse all'incirca quattromila anni. Nel 1982 l'età del castagno venne ridimensionata dall'università di Torino di almeno duemila anni. Tuttavia il computo esatto della sua anzianità rimane nel vago. Millenario è senza ombra di dubbio, ma in quale millennio mise le sue prime radici?

In ogni caso, fa impressione che l'albero di Sant'Alfio abbia attraversato un arco di storia che va dalla nascita di Gesù sino a oggi. Chissà quanta gente si è soffermata davanti alla sua maestosità per ammirarlo. Molti viaggiatori, che nel Settecento e nell'Ottocento passarono per la Sicilia, si sono fermati a onorarlo e davanti l'enorme chioma hanno preso appunti, dai quali sono nate storie, leggende, poesie, opere d'arte.

Ma su tutti i visitatori primeggiano i cento cavalieri che scortavano una regina. Il nome appunto di Cento Cavalli è legato a una leggenda narrata anche dai cantastorie.

Durante una giornata di tempesta la regina Giovanna, con al seguito i cento cavalieri, trovò rifugio sotto le fronde dell'albero. Si è favoleggiato molto su questo episodio. Non si sa intanto se fosse Giovanna D'Angiò, regina di Napoli, o Giovanna di Aragona, regina di Castiglia.

Pare che questa storia avesse una sfumatura erotica, che peraltro la collega a quella che riguarda il vicino vulcano Etna, maschio e femmina al tempo stesso: secondo un pettegolezzo, la regina giacque con più amanti e dame di compagnia. Ma si tratta di fantasie popolari: la regina D'Angiò, pur essendo nota per la sua dissolutezza, pare che non abbia mai visitato la Sicilia, se non in gran segreto. Eppure, grazie alla leggenda, coppie di giovani innamorati vengono spesso a trovare riparo e rifugio sotto le fronde afrodisiache del castagno.

Essendo il tronco diviso in tre grandi fusti – rispettivamente di tredici, venti e ventidue metri – si credeva che fossero tre alberi distinti. In realtà analisi più approfondite hanno appurato che si tratta della stessa pianta.

Nella metà del Settecento Carlo III, re di Sicilia, emise un editto con il quale si tutelava istituzionalmente il castagno e si comminavano severissime pene a chi lo danneggiasse. Oggi il gigante è stato dichiarato monumento vegetale nazionale.

L'albero si trova nel bosco di Carpineto, nel versante orientale del vulcano, in un'area tutelata dal parco regionale dell'Etna. Il comune di Sant'Alfio lo ha adottato come proprio simbolo. Il castagno è infatti raffigurato nello stemma civico. Nel 2008 l'UNESCO lo ha riconosciuto come "Monumento messaggero di pace nel mondo". Rimane ancora da appurare se si tratti effettivamente del castagno più grande del mondo e la sua vera età è ancora un mistero.

Alla ricerca della tomba di Claudio Galeno

Non c'era modo migliore di concludere una splendida carriera nella capitale della cultura. Claudio Galeno era il primo medico alla corte imperiale romana di Marco Aurelio, l'imperatore lacerato tra la crudele ragion di Stato e la propria morale. Il medico e l'imperatore filosofo avevano parlato a lungo della morte. Sarà stato proprio quest'argomento a ispirare un sogno giunto nelle prime ore della mattinata nel sonno profondo di Claudio Galeno. Il cielo era annebbiato e volteggiava in aria un'aquila. Il rapace prendeva in groppa Galeno per condurlo in patria, a Pergamo, un centro culturale di grande importanza, oggi città capoluogo del distretto omonimo della provincia di Smirne, in Turchia. Volava in direzione sud-est, quando una virata improvvisa del rapace fece precipitare il medico. Fu un volo interminabile, e l'uomo sarebbe morto se non fosse stato raccolto dalle prodigiose braccia di una dea che lo depose amorevolmente su un'isola del Mediterraneo, la Sicilia. Fin qui il sogno.

Svegliatosi, la mattina stessa Galeno si consultò con un oracolo, il quale gli disse che era venuto il momento, all'età di settant'anni, di fare ritorno alle proprie origini. Avuto il permesso dell'imperatore, il medico si imbarcò. Durante il viaggio Galeno cadde in una sorta di stato soporifero con febbre altissima. Il comandante della nave, in prossimità di Capo Gallo, oggi riserva naturale, diede ordine di attraccare al porto di Palermo per agevolare lo sbarco dell'illustre passeggero e dargli i necessari aiuti sanitari. Il medico imperiale venne ospitato presso un castello alla periferia della grande città, di proprietà di Francesco Maredolce, uomo assai influente che non gli avrebbe fatto mancare le cure adeguate. Nonostante la scrupolosa assistenza, il medico Claudio Galeno morì in una calda mattina di giugno.

Venne davvero sepolto in Sicilia, come raccontano le cronache del tempo? Oppure il suo cadavere, debitamente mummificato, fece ritorno a Roma? Alcuni testi riportano come data di morte il 199 e indicano Roma come luogo. Un vero mistero, poiché altri documenti parlano di un sontuoso mausoleo che venne edificato dallo stesso Maredolce, in prossimità del colle Bassano. Il luogo addirittura sarebbe stato venerato per secoli dagli infermi: divenne una sorta di area sacra e miracolosa. Ma di questa misteriosa tomba non è stata trovata alcuna traccia. Alcuni studiosi ritengono che in contrada Porcara, dove scorre il fiume Eleuterio, si può trovare qualche vestigia della prestigiosa sepoltura, cosa di cui gli abitanti di Misilmeri vanno orgogliosi. In Sicilia tuttavia rimane sempre il mito del medico Galeno, considerato, insieme a Ippocrate, il più celebre del mondo antico. Si distinse in particolare per avere teorizzato e valorizzato la cosiddetta "perturbazione locale", ossia l'interessamento dei singoli organi. Ancora oggi si parla di "dottrina galenica" o di "preparato galenico", un composto farmaceutico che utilizza sostanze organiche naturali variamente trattate.

Il più antico bikini della storia

Le prime immagini diffuse dalla televisione sulle donne siciliane, lo ricorderanno in molti, riflettevano l'arretratezza dei costumi. Le donne sembravano comparse teatrali, figure morigerate e tristi. Le ragazze portavano gonne sotto al ginocchio e le vedove erano avvolte in una mantella nera.

A distanza di anni la Sicilia vorrebbe riscattarsi. Via tutto, per mostrare il due pezzi.

Da chi fu inventato il bikini? Ufficialmente il bikini moderno è stato ideato dal sarto francese Louis Réard nel 1946. Il nome del fortunato costume richiama l'atollo di Bikini nelle isole Marshall. C'è però chi sostiene che in qualche modo il sarto parigino abbia scopiazzato un modello che si trovava in Sicilia. Può essere considerata vera la tesi del plagio?

Per indagare occorre andare in Sicilia, a Piazza Armerina, in provincia di Enna. Bisogna visitare la villa del Casale, una struttura tardo-romana che dal 1997 fa parte del patrimonio dell'umanità dell'UNESCO. Conserva tremilacinquecento metri quadrati di mosaici e molti ambienti con preziosi affreschi. Nella stanza dedicata alle Dieci ragazze si trova un mosaico che risale al III secolo d.C. Vi sono raffigurate delle atlete impegnate in attività ginniche che indossano, appunto, i bikini. Naturalmente bisogna considerare che il costume a due pezzi non veniva certamente utilizzato in spiaggia per prendere il sole, ma era una divisa per praticare l'atletica, frequentare le palestre di ginnastica e di danza.

A chi apparteneva questa lussuosa villa romana? Alcuni studiosi avanzano l'ipotesi che fosse di proprietà di un console o comunque di una personalità altolocata della gerarchia dell'Impero romano. Altri sostengono che fosse addirittura una residenza dell'imperatore Massimiano.

Per secoli la villa, passando da un proprietario all'altro, è stata un punto di riferimento per tutta la regione. Vi si amministrava anche la giustizia e la gente veniva a chiedere udienza. I mosaici sono di una ricchezza straordinaria, sotto il profilo sia artistico che storico. Rappresentano, infatti, scene di caccia, moda, sport, vicende di vita quotidiana non certo di persone comuni, ma dell'aristocrazia dell'epoca. È il più vasto complesso musivo tramandatoci dal mondo romano. È un luogo dove si può ammirare l'attività giornaliera dei nobili.

Sono edifici costruiti su livelli diversi, il tutto immerso in un paradiso naturale, che profumava delle essenze di piante aromatiche ed era adornato dalla presenza di una ricca fauna. La villa era in parte orientata al sole e in parte all'ombra, di modo che si potessero scegliere gli ambienti a seconda delle stagioni. Nel suo interno sono raffigurati vari momenti della vita dell'epoca, come l'arrivo del proprietario alle terme con la famiglia e un'ancella. Ci sono poi mosaici che raffigurano il Circo Massimo nel IV secolo d.C. Si può notare una concitata corsa di quadrighe e l'obelisco dell'imperatore Augusto collocato a piazza del Popolo a Roma. Entrando nella sala si ha la stessa visuale che aveva l'imperatore nel prendere posto al Circo Massimo. È presente anche una scena omerica, con Ulisse che sta dando da bere del vino all'ingenuo Polifemo prima di accecarlo. La cosa strana è che il gigante non ha un occhio, ma tre. Per quale motivo? Probabilmente si tratta di un effetto scenico allo scopo di rendere più mostruoso il gigante.

La villa è rimasta intatta per circa mille anni, dall'epoca romana al Medioevo, fino ad arrivare al 1160, quando venne sepolta da tonnellate di detriti a seguito di un'alluvione durata diversi giorni.

I primi scavi all'interno della lussuosa residenza romana furono eseguiti nel 1881. Una sistematica campagna di scavi fu avviata dal 1935 fino al 1939. Solo negli anni Cinquanta fu portato alla luce l'intero complesso, grazie anche a un corposo intervento della Regione Sicilia, con sistematici scavi diretti dall'archeologo Vinicio Gentili. Nel luglio del 2012, dopo un lungo restauro avviato nel 2004, la villa è stata riaperta al pubblico. Sono state riassemblate centoventimila tessere per ricomporre gli splendidi mosaici. È stata rimossa la copertura in plexiglas degli anni Sessanta, che creava un nocivo effetto serra, ed è stata sostituita da una struttura in legno con pannelli di vetro riciclato. Il percorso di visita si compone oggi di moderne passerelle aeree.

Le dieci ragazze in bikini si dedicano con disinvoltura al lancio del disco, alla corsa, ai salti. Sono state loro a dare l'idea allo stilista francese nel 1946?

Il bikini, dopo una censura durata lunghi anni, venne lanciato su scala mondiale nel 1958 da Brigitte Bardot nel film *E Dio creò la donna*. Ma le donne siciliane d'epoca romana lo avevano indossato secoli prima.

I segreti della Montagna sacra

Siamo a Sciacca, una caratteristica città turistica di mare e termale in provincia di Agrigento. Ricca di monumenti e chiese, è nota fra l'altro per il suo storico Carnevale. In questa zona c'è una collina chiamata la Montagna sacra, perché i Greci la dedicarono a Krono. Infatti i reperti rinvenuti all'interno dell'antro del Fico dimostrano che le grotte furono abitate dal V al II secolo a.C.

Ma quattromila anni fa accadde un evento misterioso che costrinse gli abitanti delle grotte del versante meridionale a fuggire. Probabilmente furono sorpresi da soffi di vapore caldissimo, accompagnati da un soffocante odore di zolfo. Fu questa la vera ragione dello sfollamento, oppure un attacco nemico?

Negli anni successivi attorno alla collinetta si insediò una tribù e furono costruite le *Thermae Selinuntinae*. In molti vi si recavano per andare a curarsi. Fino al V secolo d.C. la Montagna sacra fu sede di riti pagani in onore di Saturno. I cristiani credevano che questi luoghi, dal forte olezzo di zolfo, fossero abitati da demoni. Probabilmente per tale ragione vennero di nuovo abbandonati e si dimenticò il loro valore terapeutico.

Anni dopo a Sciacca sbarcò un esorcista, Calogero, un saggio di pelle nera nativo di una cittadina della Tracia, proveniente dalle isole Eolie. L'uomo, che poi divenne santo, era dotato di un grande carisma. Scalò il monte per visitare le grotte, depurarle dalle presenze dannate e convertire gli abitanti. Fu in questa collina, a circa quattrocento metri sul livello del mare, che san Calogero si ritirò all'età di sessant'anni quando si sentì prossimo alla morte. In questi luoghi sopravvisse altri trentacinque anni. Il suo alimento principale era il latte di una cerva (spesso presente nelle immagini che ritraggono il santo). L'animale venne ucciso per errore da un cacciatore, il quale, quando scoprì che la cerva apparteneva al vecchio Calogero, si recò da lui per farsi perdonare. L'eremita lo perdonò e lo accolse come discepolo. Prima di morire il santo gli rivelò il segreto delle grotte medicamentose e queste divennero ben presto famose.

Anche oggi si possono ammirare le Stufe di san Calogero. Sono caverne con sedili intagliati nella roccia e dei fori dove gli ammalati possono inserire il braccio o la gamba per ricevere i benefici desiderati. Si notano incise alcune lettere, non decifrabili, che lasciano pensare a un'origine greca o saracena. La temperatura oscilla tra i 38 e i 42 °C. Sull'eremo, nella grotta del santo, si trova un altarino che secondo la leggenda sarebbe stato costruito dallo stesso Calogero e sopra il quale, tra la cerva e il cacciatore, si può notare l'immagine del santo. Da questo luogo magico si scorge la sagoma dell'isola di Pantelleria.

Oggi san Calogero è il patrono di Sciacca e viene festeggiato il 18 giugno. Tuttavia molti centri siciliani rivendicano la paternità di san Calogero: Agrigento, Naro, Canicattì, Grotte, nel messinese. I fedeli gli hanno attribuito il dono dell'ubiquità. Ma è stata anche avanzata l'ipotesi, finora mai chiarita, che in realtà non si trattasse della stessa persona.

Un tunnel verso il fiume

A Ispica, in provincia di Ragusa, sulla costa sud-orientale della Sicilia, sorge una enigmatica struttura conosciuta come Centoscale.

Anticamente era chiamata Busaitone ed è un tunnel dalla forma rettangolare, scavato nella roccia, dotato di circa trecento scalini che scendono sotto il livello del fiume sottostante.

Ispica comprende due distinti quartieri. L'area abitata ha origini settecentesche, mentre quella medioevale è una zona totalmente abbandonata dall'uomo dopo il devastante terremoto del 1693 che coinvolse la val di Noto e che provocò la distruzione di circa cinquanta centri abitati, tra borghi e paesi. Quest'area è caratterizzata da una splendida flora mediterranea e seminata da varie grotte, alcune adibite nel passato a sepolture, altre a veri e propri rifugi. È qui che ci si imbatte nella strana costruzione di Centoscale, realizzata presumibilmente nel XII secolo.

L'intero complesso è poco esplorato e carico di mistero: più in alto c'è la Grotta della maga Saracena, dal nome della mitica fondatrice della città di Ispica. Secondo la tradizione in questo posto si conservava il fuoco sacro. A pochi passi si apre ancora un altro antro noto con il nome di Grotta dei sogni. Era qui che si rifugiavano le persone malate per addormentarsi e ricevere in sogno, da entità benefiche soprannaturali, utilissimi consigli terapeutici.

In tutto il parco si trovano testimonianze di varie epoche, fin dalla preistoria.

Ma a cosa serviva il Centoscale, questa galleria che scende verso il fiume?

Alcuni studiosi affermano che veniva utilizzata per andare a rifornirsi d'acqua nel fiume in caso di assedio. In questo modo si era al riparo e non si correvano rischi durante gli attacchi nemici. Non tutti però sono d'accordo con questa teoria: alcuni ne sostengono una molto più affascinante, secondo la quale il tunnel era un antico osservatorio astronomico diurno. L'inclinazione della galleria serviva per oscurare il sole e mettere in ombra una piccola porzione di cielo. Del resto si trattava di una tecnica ben nota e usata in Medio Oriente.

Ed ecco che ritorna la figura della maga Saracena. Sarebbe stata lei a portare in Sicilia questa tecnica di osservazione delle stelle eliache (la levata eliaca di una stella è quella che avviene poco prima del sorgere del sole). I fenomeni eliaci del resto venivano accuratamente osservati dagli antichi, per scopi agricoli, soprattutto, ma anche rituali, e per stabilire la cadenza delle feste religiose. Ciò però presupponeva complessi calcoli algoritmici.

Che la popolazione del luogo conoscesse il cielo è dimostrato dal fatto che poco distante da Centoscale c'è un'incisione nella roccia che raffigura chiaramente la costellazione delle Pleiadi.

Chi vuole può provare il brivido di scendere i gradini sotterranei verso l'ignoto e provare a risolvere questo mistero.

L'olio sacro che sgorga dalla terra

Un fiotto di combustibile che affiora dalle viscere della terra, e tutt'intorno diventa sacro. È certamente molto singolare, e densa di misteri, la storia della venerazione della Madonna dell'Olio. Tre paesini sono accomunati tra di loro da questo filone d'olio sacro: Blufi, in provincia di Agrigento, e Bivona e Petralia, entrambe nelle Madonie.

Anticamente, a causa di un fenomeno geologico raro in Sicilia, dalle pietrose terre affiorava un prezioso olio minerale. Questo fenomeno naturale si è legato indissolubilmente al culto della Madonna.

L'olio minerale che, in maniera più o meno copiosa, sgorgava dalle terre, fu utilizzato dapprima come combustibile per alimentare le lucerne e successivamente come balsamo miracoloso, perché ritenuto in grado di guarire alcune malattie. Fu così che gli si attribuì una valenza religiosa legata alla Vergine.

Si tratta di un culto molto antico e pare che lo stesso nome Petralia derivi da *petrae oleum*. Nei primi del Seicento il colto gesuita Ottavio Gaetani, storico siracusano, scriveva: «Davanti la chiesa vi corre il fiume di Santa Margherita e alle sponde dello stesso fiume vi scaturisce un liquore che ha l'odore di cipresso e il colore come l'olio comune, con il quale ungendosi molti infermi sono guariti da varie malattie. Mettendosi una goccia d'olio sopra un panno, si stende come forma di croce. Quantunque il liquore scaturisce per la qualità del terreno bituminoso e della pietra che è di natura grassa ed untuosa, la pia devozione e semplicità dei terrazzani afferma che la Madonna, come loro dicono, fa nascere quella grazia. Tanto il liquore, quanto la pietra la chiamano la grazia della Madonna, della quale alla giornata se ne vedono chiari segni perché bevuto con vino sana il mal di freddo».

Dunque sgorgava dalla terra anche un liquido commestibile, oltre che combustibile?

A Bivona sorge un santuario dedicato alla Madonna dell'Olio con annesso un convento. La struttura sacra negli anni tra il 1514 e 1522 si trovava sulla sponda destra del fiume. Poi venne spostata sulla riva opposta, perché i fedeli non fossero obbligati ad attraversare il fiume e forse anche perché da questo lato era più riparata dalle piene. Nel corso degli anni il complesso ha subito parecchie trasformazioni, fino ad arrivare a un definitivo restauro negli anni Novanta. Nel 2008 il santuario è stato inserito nella Carta regionale dei luoghi dell'identità a cura del Centro regionale progettazione e restauro della Regione Sicilia.

La festa della Madonna dell'Olio anticamente veniva celebrata il primo mercoledì dopo Pasqua, e solo nel 1971 la comunità ecclesiale di Bivona decise di spostarla al giorno successivo alla Pasqua. A Blufi invece è celebrata con un pellegrinaggio il martedì dopo la Pentecoste, mentre il 15 agosto l'icona lignea della Madonna viene portata in processione.

Una Madonna nera venuta dal mare

Una Madonna nera in Sicilia. Da dove proviene? Come è nato questo particolare culto?

Sono interrogativi che non hanno mai trovato una chiara risposta supportata da fatti storici, ma solo accenni in racconti di stampo leggendario. Il santuario della Madonna nera si trova a Tindari, sull'estremità orientale del promontorio a strapiombo sul mare, da dove si vedono i suggestivi ricami dei laghetti di Marinello. Edificato sulla colonia greca di Tyndaris, è un simbolico crocevia dove i racconti occidentali si fondono con quelli del lontano oriente. Sono storie affascinanti ed enigmatiche, così come quella che riguarda la Madonnina nera.

Come è giunta fin quassù?

Secondo la tradizione, una nave proveniente dall'Oriente trasportava l'immagine della Madonna. Solo il capitano era a conoscenza di questo segreto. Qualcuno l'aveva ben nascosta nella stiva per sottrarla alla distruzione: siamo nel periodo iconoclasta e avrebbe seguito lo stesso destino di altre icone. L'imbarcazione fu colta dalla tempesta nelle acque del Tirreno e dovette ripararsi nella baia di Tindari. Quando il fortunale si placò, i marinai decisero di riprendere il largo, tolsero l'ancora, issarono le vele ma non riuscirono a spostarsi: la nave rimaneva ferma come se si fosse incagliata. Così pensarono di alleggerire il carico. Mentre si accingevano a buttare in mare l'inutile zavorra, scoprirono che la cassa depositata nella stiva conteneva il simulacro. Tutto l'equipaggio allora si convinse che la Madonna nera voleva rimanere in quella baia e la depositarono dentro una grotta in prossimità della costa. La nave riuscì a salpare.

Molto tempo dopo gli abitanti del luogo scoprirono il baule e rimasero sbalorditi dal contenuto. Decisero allora di collocare l'immagine sacra nel punto più alto, dove sarebbe stata al sicuro, anche perché la Sicilia si trovava sotto la dominazione dei Bizantini, che non accettavano la severità degli iconoclasti. L'accoglienza della Madonna venuta dal mare, da parte della comunità cristiana, fu commovente. Il promontorio di Tindari divenne così un luogo sacro per la presenza della Madonna immigrata. Da allora milioni di persone si sono inginocchiate al cospetto della Madonna nera.

Cosa ci sia di vero in questa storia non si sa, così come è ignoto l'autore dell'opera sacra. La Madonna ha gli occhi a mandorla, un profilo greco e tiene tra le gambe, leggermente divaricate, Gesù Bambino. È beatamente seduta, con la mano destra appena sollevata per benedire chi la osserva. Potrebbe essere di origine orientale, visto che porta sul capo una specie di turbante con decorazioni di arabeschi dorati. Alcune fonti datano l'opera tra il V e il VI secolo.

Papiri e coccodrilli in Sicilia

È possibile che in Sicilia vi siano i coccodrilli?

Più volte la presenza di questi rettili è stata segnalata nei pressi del fiume Ciane, oggi riserva naturale regionale che comprende il corso del fiume omonimo e la zona umida delle saline alla periferia di Siracusa. Proprio la fonte del Ciane, dove crescono rigogliosi i papiri egiziani, viene chiamata Lago dei coccodrilli.

In realtà, sino al 1600 i coccodrilli del Nilo vivevano stabilmente in diversi fiumi siciliani, compresa appunto l'area umida del Ciane. Sono stati gli Arabi a importare questi rettili, e il Ciane ne accolse un numero abbastanza consistente. A quei tempi la presenza del coccodrillo era considerata una iattura per gli allevatori, i quali, oltre a temere per la propria incolumità, dovevano fare la guardia giorno e notte per difendere il proprio gregge. In diverse occasioni i coccodrilli, infatti, si allontanavano dal fiume e andavano a cacciare capre e pecore. Fu proprio questo il vero motivo della scomparsa del coccodrillo in Sicilia. Poco alla volta vennero uccisi tutti. Pare anche che qualche pastore si specializzò, a quei tempi, nella concia delle loro pelli.

Sarà allora il ricordo storico di questo animale africano a suggestionare alcuni che hanno giurato di vedere, in diverse occasioni, la sagoma di qualche coccodrillo a fior d'acqua. Tuttavia il WWF non ritiene tanto assurda la presenza di questi animali, ricordando che «dai primi anni Ottanta, sino al 1997, quando vennero emanate norme severe sul commercio e la detenzione di animali rari o pericolosi, molti esemplari di alligatori, coccodrilli, caimani furono importati legalmente in Italia». Perciò è possibile che ignoti per sbarazzarsi di qualche esemplare esotico l'abbiano incautamente abbandonato sulle rive del fiume.

Quello che certamente ancora non è scomparso è invece il papiro egiziano, una pianta che raggiunge anche i tre metri d'altezza. Fino alla fine dell'Ottocento crescevano specie giganti che superavano addirittura i sette metri. Ciuffi di papiro adornavano anche le sponde del fiume palermitano Oreto e dell'Anapo, che attraversa le suggestive gole di Pantalica. Bellissimi esemplari ancora oggi si possono osservare in provincia di Catania, nella zona di Fiumefreddo e nel fiume Ciane. La carta che si ottiene dai fusti di questa specie è particolare: è molto più resistente e non ingiallisce.

Anche questo tipo di papiro (*Cyperus papyrus*) è avvolto dal mistero. Come è arrivato dall'Africa equatoriale a Siracusa? Forse a importarlo furono i commercianti cretesi che introdussero anche altre piante in Sicilia, come l'ulivo e il fico. Secondo un'altra ipotesi invece, a impiantare il papiro egiziano in Sicilia furono i Romani intorno alla metà del I secolo, per sopperire alla scarsità di carta ai tempi dell'imperatore Tiberio. Una terza ipotesi, avanzata anche da alcuni botanici, identifica il papiro come specie autoctona. Infatti la Sicilia e l'Africa presentavano un tempo flora e fauna comuni. Ciò spiegherebbe anche i resti di elefanti e ippopotami rinvenuti nella grotta siracusana di Spinagallo.

I misteriosi giganti di Messina

Il via della sfilata viene dato con il suono della brogna, un arcaico strumento musicale costituito da un grosso gasteropode. Ed ecco che, tra due ali di folla, si vedono sbucare due maestose figure a cavallo. Sono i giganti Mata (il nome deriverebbe da "Marta") e Grifone, il moro. Si tratta di due colossali statue equestri in legno cavo, che superano gli otto metri d'altezza. Sono, secondo la tradizione, i mitici progenitori di Messina.

I due giganti vengono portati in processione, dal 10 al 14 agosto, da un colorato corteo in costume.

Il loro significato non è mai stato chiarito. In particolare Mata rappresenterebbe una donna messinese, mentre Grifone un conquistatore della città dello Stretto. Per alcuni storici rievocherebbero l'entrata trionfale a Messina del normanno Ruggero d'Altavilla dopo la vittoria sugli Arabi, per altri un predone che pretendeva i tributi dal popolo accompagnato da una donna vichinga.

Alcuni ipotizzano anche una storia d'amore tra il pirata Hassam ibn Hammar e la bellissima Marta, figlia del granduca Cosimo II. Il pirata era sbarcato da alcuni giorni sulle coste orientali della Sicilia con l'obiettivo di saccheggiare vari paesi. Giunto a Messina, rimase fulminato dal fascino della nobile fanciulla, ma i genitori di lei gli si opposero fermamente. Inutili furono le promesse del pirata di voler cambiare vita e di porre fine alle scorribande criminali. La ragazza venne imprigionata dai genitori in un luogo segreto. Questo non scoraggiò ibn Hammar, che decise di rapire la sua amata. Al fianco di Marta, il carattere duro del pirata si addolcì ed egli si lasciò addirittura convincere dalla donna a convertirsi al cristianesimo, prendendo il nome di Grifo. La coppia visse felice ed ebbe numerosi figli, che sarebbero i progenitori dei messinesi.

Il mito potrebbe avere addirittura carattere propiziatorio per il passaggio da una stagione all'altra. Grifone viene rappresentato come un muscoloso cavaliere armato di spada e protetto da uno scudo sul quale è inciso il fregio della città di Messina. Mata invece è bionda, dal vago aspetto nordico, e porta sul capo una corona sulla quale sono disegnate tre torri, simbolo dei tre porti messinesi.

Nel corso dei secoli le due statue sono state identificate con varie figure della mitologia: Saturno e Cibele, una dea venerata come grande madre, fino a giungere a identificarle con Mata e Grifone.

Ma per quale ragione furono costruite queste possenti figure?

Forse per ordine del Senato messinese, in quanto già altri centri, compreso Palermo, si vantavano del fatto che fossero stati i giganti a fondare le rispettive città.

Tutto potrebbe essere nato da un grande equivoco: in alcuni luoghi furono rinvenute, intorno alla metà del Cinquecento, ossa gigantesche, scambiate per i resti di ciclopi. Da qui il vanto di avere progenitori giganti. Solo qualche secolo dopo si scoprì che non erano altro che ossa della fauna preistorica che aveva popolato l'isola, come elefanti, ippopotami, rinoceronti. I giganti di Messina hanno subito danni nel terremoto del 1783, in quello del 1908 e all'epoca della seconda guerra mondiale durante i bombardamenti, ma sono sopravvissuti nel tempo per ricordarci ancora un'affascinante storia la cui origine non è stata mai chiarita.

La grotta segreta di Donna Villa

Chi era Donna Villa? Una maga, una negromante, una sirena incantatrice, una donna solitaria, un'eremita. Tutto questo e tante altre cose si raccontano di una misteriosa donna che visse in una grotta di Tindari, una nota frazione sul golfo di Patti da dove si gode di un singolare panorama con i ghirigori dei laghetti di Marenello circoscritti dall'arenile.

C'è una grotta scavata su un costone roccioso che cade a picco. È qui che visse una donna certamente non comune.

Donna Villa era nientemeno che una mangiatrice d'uomini. Con il suo ammaliante canto da sirena catturava i marinai per amarli e poi ucciderli. Una vedova nera quindi, che non sempre però riusciva nel suo perfido intento. Quando qualche "Ulisse" le sfuggiva, per l'ira conficcava le agili mani armate di affilatissime unghie nella viva roccia. Ancora oggi si leggono sulla pietra i solchi che testimoniano la sua rabbia e vi sono deposte misere ossa che secondo alcuni dovrebbero essere i resti delle vittime. Sulla parete rocciosa soffia eternamente il quasimodiano "vento dei pini" e un alito di mistero ne smussa le asperità.

Chi era Donna Villa? Una antropofaga omeriana oppure una donna reale che metaforicamente veniva definita "mangiatrice d'uomini"?

Sono gli anziani di Tindari a raccontare che sul promontorio viveva una donna affascinante, così attraente che nessun uomo poteva resisterle. Era una *single*, come si direbbe oggi, ma amava sedurre e catturare gli uomini con il suo canto. Erano piacevolissime ore di passione, che però costavano la vita. Soggiogava i malcapitati a tal punto da far perdere loro il lume della ragione, proprio come la maga Circe.

Fin qui la leggenda, ma la grotta sembra testimoniare che in effetti al suo interno si siano consumati momenti di bruciante passione.

Vi si accede dalla contrada Rocca Femmina, attraverso un minuscolo sentiero. Il primo antro si sviluppa su due piani, separati da una sorta di solaio formato da fossili e ossa. Il piano superiore, in asse con il sottostante ingresso, ha un'apertura che si affaccia a balcone sul mare. Altre ossa sono sparse per terra, mentre le pareti presentano dei piccoli fori. Sarebbero questi, secondo i racconti degli anziani, i segni inequivocabili dell'ira di Donna Villa quando non riusciva a conquistare un uomo. Secondo alcuni studiosi si tratterebbe invece di una corrosione chimica provocata da acidi di molluschi marini, quando la grotta si trovava a livello del mare.

La storia della donna misteriosa ha suscitato tanto interesse, che non sono mancate le esplorazioni allo scopo di rintracciare il tesoro che l'attraente "sirena" avrebbe sottratto agli sfortunati uomini, per lo più navigatori di passaggio. Da qui anche la trasfigurazione della leggenda in storia: alcuni la identificano con una donna di mondo che aveva accumulato un grande patrimonio.

Il fantasma della fanciulla a cavallo

Una storia d'amore d'altri tempi. La protagonista è una giovane di Milazzo, Elena Baele.

Si racconta che la ragazza, di nobili origini, si innamorò perdutamente del figlio di uno dei contadini che lavoravano nel possedimento di suo padre. Fu un amore contrastato poiché, quando suo padre se ne accorse, convinse la famiglia del pretendente ad accettare un lauto compenso e ad andarsene via.

Elena non riusciva a darsi pace e tutti i giorni, disperata, montava sul cavallo dicendo ai genitori che andava a fare una passeggiata. In realtà era alla ricerca dell'innamorato. Passarono mesi, ma un giorno non fece più ritorno a casa. Era giunta sino alle scogliere del Capo e da lì, spronando il cavallo, si era lanciata dalla rupe finendo annegata in mare.

Il padre, affranto dal dolore per la scomparsa della figlia, andò alla sua ricerca.

Si fermò nelle terre del Capo, dove un giovane fissava malinconicamente il mare. Era il figlio del campiere che attendeva l'innamorata. Aveva le lacrime che gli scivolavano sul volto quando raccontò la verità dei fatti al padre di Elena. I due innamorati si incontravano segretamente proprio lì, sulla rupe bagnata dal mare, meditando di raggiungere le isole Eolie. Un giorno la ragazza non lo vide arrivare e, temendo si trattasse di una separazione definitiva, si lanciò con il cavallo dal precipizio.

Non si sa se questa storia sia frutto di una leggenda oppure sia realmente accaduta. Comunque si parla molto di un probabile suicidio avvenuto nella zona. Il punto preciso, dove si presume sia precipitata una ragazza, viene chiamato Salto del cavallo.

L'episodio è rimasto talmente impresso nei milazzesi, che dicono che in certe notti d'estate si possa ancora ammirare la bella giovane Elena Baele che cavalca nei pressi della scogliera, alla ricerca dell'amato. Non è, assicurano, un fantasma che incute timore, anzi chi riesce a vederlo viene preso da un brivido di intensa commozione. Testimonianze dei marinai, che transitano con le barche sotto costa, riportano vari episodi di un fantasma che cavalca tra le scogliere. L'apparizione avviene spesso al tramonto, quando la luce si addolcisce e tutto sembra sospeso. Nel silenzio della sera si sentono addirittura i singhiozzi di Elena, ancora in pena per l'amato.

È questo uno dei misteri che coinvolge la cittadina di Milazzo. Il sito è stato mappato, dagli studiosi di fenomeni paranormali, come un luogo frequentato da fantasmi.

C'è invece chi fornisce una spiegazione razionale, sostenendo che il fantasma non è altro che l'ombra che si staglia sulla roccia e i singhiozzi sono provocati dalla risacca del mare che si infiltra tra le scogliere del Capo.

Semplice fantasia popolare, dunque, o da queste parti si aggira davvero il fantasma della bella Elena?

La torre federiciana al centro della Sicilia

Volete sentire gli scalpitii del cavallo di Federico II di Svevia lanciato al galoppo?

Allora non esitate a visitare, in provincia di Enna, la torre ottagonale edificata nel XIII secolo per volere di Federico II, menzionata da Johann Wolfgang von Goethe. È alta ventisette metri e svetta sul declivio di una collinetta alberata. Spesso immersa nella nebbia, si trova in una posizione strategica, a circa mille metri sul livello del mare, un'elevazione ben calcolata per dominare a largo raggio il territorio circostante. Quando il cielo è terso si può addirittura ammirare l'orizzonte dei tre mari, il Mediterraneo, lo Jonio e il Tirreno. Quasi sempre visibile è il vulcano Etna. È uno spettacolo mozzafiato. Pare che proprio da questo punto sia stata progettata la suddivisione amministrativa, nelle tre valli, vigente nel Medioevo: val di Mazara, val di Noto e val Demone e, quando non esistevano ancora i satelliti, la rete viaria siciliana. La torre, infatti, si trova quasi al centro della Sicilia.

È un fatto eccezionale e rimane un mistero come i geografi siano riusciti a identificare il luogo corrispondente al centro dell'isola. Probabilmente alla fase progettuale avevano collaborato matematici arabi, esperti nel rilevamento di coordinate geografiche e astronomiche. Secondo gli storici sta in questo il vero enigma legato alla torre di Federico e alla sua particolare forma ottagonale, che avrebbe avuto come scopo l'orientamento solare mediante calcoli astronomici di origine celtica legati agli equinozi e ai solstizi. Nella costruzione vi è certamente la mano dei mastri artigiani dell'ordine monastico cistercense.

La torre è circondata da una cinta muraria, anch'essa a pianta ottagonale, della quale si sono conservati solo alcuni frammenti. All'interno è suddivisa in tre piani.

Un altro aspetto affascinante riguarda la disposizione delle feritoie, che avrebbero un significato simbolico. Seguono un percorso a croce latina e rappresenterebbero ciascuna antichi castelli siciliani. Un importante riferimento storico è che proprio in questa torre l'imperatore convocò il primo Parlamento siciliano, evento che sarebbe stato ripetuto due secoli dopo.

Al di là dei fatti puramente storici e simbolici, nel luogo aleggia il fascino del fantasma di Federico II.

Il re, che usava il torrione come dimora estiva per ripararsi dal caldo afoso, è di ritorno da una battuta di caccia. È in groppa al suo cavallo lanciato in una corsa a briglie sciolte. In certe notti si sente distintamente lo scalpitio e il nitrire nervoso dell'animale. Poi il rumore si attenua, segno che il re di Sicilia sta rientrando a passo lento. È l'ora dell'eterno riposo, quando il vento si placa e tutt'intorno s'acquieta.

Sarà una suggestione, ma si viene scossi da un brivido, come se nei paraggi ci fosse davvero una presenza.

L'enigma dell'elefante di Catania

Da anni circola su YouTube un video davvero singolare. Partendo da una mappa di Google Earth che ci mostra dall'alto il centro della città di Catania, l'autore, anonimo, ci propone di eseguire un giochino molto semplice: unire gli angoli di alcune vie con una linea, come quando nel gioco classico dell'enigmistica si uniscono i puntini seguendo i numeri in ordine progressivo. Il percorso è molto lungo, ma alla fine apparirà abbastanza chiaramente la testa di un elefante.

In effetti, è proprio questo animale il simbolo di Catania, materialmente rappresentato dal cosiddetto Liotru, un elefantino di basalto nero collocato nei pressi della celebre fontana di piazza Duomo. Ci si chiede allora se questo tracciato immaginario sia stato creato volutamente dagli urbanisti oppure sia un fatto del tutto casuale. È un mistero destinato a non avere risposta, ma se si trattasse di una coincidenza, sarebbe un fatto davvero eccezionale. Bisogna anche considerare che a causa di frequenti terremoti, la mappa urbanistica della città è stata modificata più di una volta. Chi avrebbe creato allora, in un guizzo di alta fantasia, l'invisibile figura del pachiderma?

Si sa che l'elefante, con la proboscide rivolta verso la cattedrale di Sant'Agata, è stato eletto a emblema della città di Catania nel 1239. La stessa storia del Liotru è avvolta nel mistero. Il nome trae origine dal mago Eliodoro vissuto nell'VIII secolo d.C.

Cosa rappresenterebbe l'elefante nero?

Si pensa voglia rendere omaggio a tre civiltà: punica, egizia, cristiana. Sulla sommità del monumento, che è posto su un basamento di marmo bianco, sarebbero rintracciabili infatti tre simboli: un globo, una foglia di palma e una croce.

L'origine della scultura è stata oggetto di varie ipotesi. Nel 1639 lo storico Pietro Carrera ci informa che era il simbolo di una vittoria riportata dai catanesi sui Libici. Un'altra ipotesi fu formulata nel 1781 dall'archeologo e mecenate catanese Ignazio Paternò, secondo il quale l'elefante costituisce un ornamento delle due mete dell'antico circo romano di Catania. Una tesi che viene considerata attendibile proprio perché l'elefante regge sul dorso un obelisco con una sfera sulla sommità. Ancora, nel 1929, alcuni studiosi locali lo hanno identificato come simbolo di una religione orientale. Nel 1949 l'archeologo Biagio Pace rispolvera la tesi del geografo arabo Drisi, secondo la quale il Liotru sarebbe un vero e proprio talismano costruito in età bizantina. Inoltre la scultura potrebbe rendere omaggio all'impresa di Annibale, che impiegò questi animali come macchine da guerra per terrorizzare i nemici romani.

Agli albori del cristianesimo l'elefante venne condotto fuori dalle mura della città, dove rimase per alcuni secoli. Ma i catanesi lo rivollero al centro. Sono infatti molto affezionati al loro pachiderma, e con ironia i residenti in città si autodefiniscono di «marca elefante» per distinguersi rispetto a chi abita in provincia.

La statua era originariamente ricavata da un blocco di pietra lavica, ma venne danneggiata dal terremoto del 1693. Nel restaurarla l'architetto Vaccarini vi aggiunse un tocco personale: le zanne di pietra calcarea e gli occhi bianchi.

Uno strumento venuto da lontano: lo scacciapensieri

Ha un suono nostalgico, che vibra nella gola e nel petto, e un nome a effetto. Lo scacciapensieri è lo strumento simbolo del folclore siciliano, conosciuto anche con altri nomi: *mariuolu* a Palermo, *'ngannalarruni* ad Agrigento, *marauni* a Catania, *marranzano* nel messinese. È uno strumento semplice, costituito da una lametta metallica fissata su un telaio ricurvo a ferro di cavallo. Il suono, generato dalla vibrazione della lametta, viene amplificato dalla cavità orale e si può modificare con il movimento delle labbra e delle guance. Ne può uscire un suono acuto o cupo.

È un mistero come questo strumento da "tasca" sia potuto arrivare in Sicilia in epoca tardo medioevale. Si è generata anche una sorta di *querelle* per rivendicarne la paternità. C'è addirittura chi sostiene che sia di origine siciliana.

Conosciuto in Europa nel XIV secolo, si è diffuso nell'area centrale e soprattutto in Germania. Lo strumento è tuttavia presente anche, con alcune varianti, in Vietnam e in Indonesia. Le origini pare ci portino tra l'Asia orientale e sudorientale e i modelli più antichi erano costruiti con la canna di bambù. Quel che è certo è che lo scacciapensieri ha conquistato il cuore dei siciliani. È molto utilizzato nelle tarantelle, ma accompagna anche altre melodie conferendo loro un retrogusto nostalgico. Oggi questo strumento si è emancipato e viene spesso inserito in circuiti sperimentali in campo jazzistico. È uno degli oggetti più venduti in Sicilia come souvenir. Chi lo compra desidera portare con sé la melodia pastorale tipica della regione. Usate molta cautela nel suonarlo: la lamella potrebbe urtare contro i denti causando danni.

Purtroppo in Sicilia lo scacciapensieri si è fatto una brutta fama poiché nella finzione letteraria o cinematografica talvolta è stato associato alla mafia. In realtà non c'è alcun rapporto tra la criminalità organizzata e questo curioso strumento, che dovrebbe riuscire a cacciare via i pensieri quando diventa un tutt'uno con il musicista. Un fatto curioso è che alcuni anni fa un'associazione culturale avviò una petizione popolare per derubricare il mariuolu dal registro dei simboli della mafia.

Il marranzano rimane la metafora di tutto ciò che è tipicamente siciliano. È infatti il protagonista del festival che si celebra nell'ultima settimana di aprile a Catania, dedicato agli strumenti della tradizione popolare.

Quasimodo ce ne dà una trasfigurazione poetica nella lirica dal titolo *Strada di Agrigentum*, inserita nella raccolta *Nuove poesie* del 1938: «Il marranzano tristemente vibra / nella gola del carraio che risale / il colle nitido di luna, lento / tra il murmure d'ulivi saraceni».

Il fantasma del castello di Caccamo

Caccamo è un delizioso comune siciliano di circa novemila abitanti nel cuore della provincia di Palermo. Quello che spicca di questa caratteristica cittadina è senz'altro il castello, realizzato con pietra calcarea. Sorge sulla sommità di una massiccia rupe e domina il centro abitato. In particolare il terrazzo occidentale, a strapiombo sulla vallata, offre un panorama suggestivo che comprende la diga Rosamarina e si allarga sino alla rocca Busambra.

Il castello, simbolo della città, ha ospitato in varie epoche una vivace vita di corte. È però dal 1150, con il passaggio ai Bonello, che entrò nella storia della Sicilia. Venne ampliato e fortificato quando a capo del regno era Guglielmo I, detto "il Malo". Il sovrano normanno non era incline a governare, preferendo dedicarsi a una vita di mollezze e agi. Fu così che si alleggerì di ogni responsabilità, delegandole a persone di sua fiducia. In particolare, nominò il cancelliere Majone di Bari *Magnus Ammiratus Ammiratorum*, ammiraglio, una sorta di primo ministro plenipotenziale. Questi avviò una serie di riforme che colpirono economicamente i vari baroni e, come se non bastasse, volle umiliarli emanando anche la legge argarica, che rafforzava la rigida struttura gerarchica e non consentiva alle donne nobili di sposarsi senza il consenso del re. I baroni si sentirono umiliati e giurarono vendetta. Così il 10 novembre 1160 Bonello ordì una congiura per assassinare Majone.

L'agguato fu messo a segno davanti al palazzo arcivescovile. L'azione era stata preparata con estrema cura: pare che l'arcivescovo Ugo avesse segnalato a Bonello i movimenti di Majone e fatto serrare le porte dell'edificio alle sue spalle. Molti uomini armati erano stati disposti lungo la via che collegava l'abitazione arcivescovile al palazzo regio ed erano state piantonate le strette vie laterali. Alcuni uomini di Bonello si erano mescolati alla folla di fedeli che accompagnavano Majone. Controllata ogni via di fuga, il fidato del re non ebbe scampo. Venne ferito dalla spada dello stesso Bonello e finito a morte con altri fendenti. Intanto gli altri baroni prendevano in ostaggio il re.

Ma il popolo reagì in maniera inaspettata. Intervenne in soccorso del sovrano e riuscì a liberarlo, riportandolo al potere. Bonello e il seguito dei baroni si rifugiarono nel castello. Guglielmo I era infuriato e organizzò la vendetta. Un piccolo esercito assediò il castello, ma l'impresa fallì miseramente. Il re cambiò strategia e ricorse all'inganno: emise un decreto con il quale perdonava i ribelli nobili e nello stesso tempo abrogò le riforme contro i baroni. Quando le acque si quietarono, Bonello venne catturato e rinchiuso nelle prigioni del palazzo, dove fu torturato sino alla morte. Le torture furono particolarmente violente: prima venne frustato, poi gli cavarono gli occhi e gli recisero i tendini.

Ora si narra che il fantasma del barone Bonello, in preda all'odio, si aggiri nei sotterranei del castello in cerca dei suoi torturatori. Alcune volte chiederebbe addirittura informazioni ai visitatori. Parla con voce roca e con un sottofondo sinistro di rumori metallici. Taluni ne descrivono persino l'aspetto: indossa pantaloni aderenti e giacca di cuoio. Dalle sue vuote orbite si sprigiona come una fiammella la sete di vendetta. Così, secondo la tradizione, da secoli la sua anima vaga senza sosta.

Strani rumori sono stati avvertiti da alcuni visitatori in prossimità dei sotterranei dalle pareti annerite e umide che conservano ancora i graffiti murali dei prigionieri. Non mancano motti e improperi che esprimono l'odio e la disperazione dei prigionieri di turno.

I diavoli della Zisa

«*Sunnu quantu i diavuli di la Zisa*» è un modo di dire usato a Palermo per indicare un numero infinito, incalcolabile. Oppure si sente dire ai cittadini del capoluogo: «Si sono liberati i diavoli della Zisa», di fronte a una situazione di caos e confusione.

Per ammirare i bizzarri diavoletti che girano vorticosamente basta recarsi nel sesto quartiere di Palermo, la Zisa, la parte centrale della città, dove sorge l'omonimo castello, eretto da maestranze arabe. Il castello presenta un ingegnoso sistema di ventilazione che permette la continua circolazione dell'aria fresca grazie a dei fori praticati sul pavimento e a un complesso sistema di canne inserite efficacemente nelle torri laterali. Una trovata di alta ingegneria, che non ha nulla da invidiare ai moderni condizionatori d'aria. Nelle giornate di scirocco, infatti, il castello della Zisa rimane un ambiente piacevolmente fresco.

A questo sistema di refrigerazione, che sfrutta i flussi d'aria naturale, è indirettamente legata la credenza dei folletti danzanti. Non si capisce se sono le correnti d'aria o la luce naturale che entra nell'edificio a determinare l'apparente movimento o una illusione ottica generata dalle diverse dimensioni dei personaggi.

A guardarle bene in effetti queste figure sembrano non stare mai ferme, ed è oggettivamente difficile contarle singolarmente. Sono spiriti in eterno movimento, un caos di entità demoniache in eterna fuga.

Curioso è anche il fatto che attorno a questo rompicapo ci siano delle scommesse, e la leggenda vuole che i diavoli custodiscano un grande tesoro. Nessuno è stato mai capace di contarne il numero esatto: chi ne sarà capace, diventerà molto ricco.

Cosa rappresentano queste strane immagini?

L'affresco, posto nell'intradosso dell'arco, raffigura personaggi mitologici, con Giove e altri dèi dell'Olimpo, chiamati popolarmente "i diavoli della Zisa".

Il palazzo venne costruito sotto Guglielmo I e fu completato nei primi anni del regno di Guglielmo II. Può pertanto essere datato tra il 1165 e il 1167. Era una dimora di relax, usata principalmente durante la stagione estiva, soprattutto nelle giornate afose. Il sistema interno di ventilazione e refrigerazione lo rendeva estremamente confortevole.

L'enigma dell'*Annunziata*

La *Vergine annunziata*, detta la"Gioconda siciliana", è una fanciulla pensierosa, protetta nella sua pura intimità da un ampio manto azzurro che le oscura la fronte e parte delle palpebre carnose. Gli occhi color carbone sono profondi e velati di malinconia, le labbra seriche, appena deviate da un accenno di sorriso, quasi a sublimare una gioia intima. Sul volto sembra proiettata la luce divina. Il suo sguardo è perciò sereno e accorto. La mano destra è sospesa in una dimensione astratta in segno di benedizione, un gesto impercettibile. La sinistra è semichiusa, a tenere con tre dita il velo per coprire castamente il seno.

Il quadro di Antonello da Messina, soprannome di Antonio di Giovanni de Antonio, esposto in via Alloro a Palermo a palazzo Abatellis grazie alla donazione nel 1906 di monsignor Vincenzo Di Giovanni, conserva una patina di mistero. La Vergine è colta dall'autore in un momento particolarissimo: l'arcangelo Gabriele se n'è appena andato? O invece sta per illustrare il piano divino, annunciare il concepimento verginale?

Nel dipinto l'Arcangelo non è raffigurato, poiché, come sostengono molti critici, «si trova nello spirito della Madre di Gesù». Perciò l'angelo non sarebbe corpo, ma un soffio, un semplice sussurro. Altri sostengono che l'autore abbia voluto rendere partecipe l'osservatore, come se fosse lui stesso l'annunciatore.

Addirittura alcuni hanno interpretato il quadro come la raffigurazione di Maria che insegna mentre legge un libro usando le dita per seguire la scrittura. Altri si chiedono però di che libro si tratterebbe. Le pagine sono scritte ma non si riesce a decifrarne il contenuto. È stata una scelta di Antonello da Messina? Avrà voluto lasciare libera interpretazione all'osservatore?

L'opera, datata 1475, è tra le più rappresentative del Rinascimento europeo. Chi è la donna raffigurata? Come nella Gioconda, la sua identità è un mistero. Alcuni sostengono che la modella scelta dall'artista fosse madre Eustochia, devota a Gesù Crocifisso, al secolo la bellissima Smeralda Calafato, figlia di un ricco mercante messinese. Il suo corpo, dopo cinquecento anni, è ancora ben conservato presso il monastero di Montevergine di Messina, da lei stessa fondato. Suor Eustochia venne canonizzata da Giovanni Paolo II durante una visita nella città dello stretto nel giugno del 1988.

Sul capolavoro di Antonello da Messina c'è un altro affascinante interrogativo: la figura è seduta o inginocchiata davanti al leggio? E ancora un altro elemento rende magnetico questo delizioso dipinto a olio su tavola. Sono le pagine svolazzanti, come se fossero state accarezzate da un leggero soffio di vento. Non sarà che l'autore siciliano abbia voluto rappresentare la brezza divina? O il frullare d'ali dell'arcangelo Gabriele che se ne è appena andato? Come se volesse ancora una volta rendere l'opera estremamente sacra e volesse coinvolgere direttamente l'interlocutore, che a osservarla viene colto da un brivido.

Il mistero della simetite

Nel nostro pianeta esistono una miriade di siti da cui provengono ambre più o meno pregiate. La Sicilia vanta il primato di averne una qualità tra le più preziose, anche in virtù della sua rarità. Si tratta della simetite, che si può trovare presso la fonte del fiume Simeto o, durante le mareggiate, sulle coste sabbiose del golfo di Catania, ma anche in alcune spiagge del sud della Sicilia, nei pressi della frazione di Marza del comune di Ispica, in provincia di Ragusa. Sono stati segnalati ritrovamenti anche nelle campagne di Nicosia, Agira, Gagliano Castelferrato, Leonforte.

Il colore varia dal paglierino al rosso cupo, con sfumature verdastre o con riflessi blu. È in realtà una resina fossile risalente alla fine dell'era Cenozoica (che copre un lungo periodo di tempo che va da 65 a 1,8 milioni di anni fa). Le sue caratteristiche fisico-chimiche la rendono unica, soprattutto se confrontata con le varietà, sempre cenozoiche, provenienti da altre zone del mondo, come quella di Santo Domingo. Raramente si possono scoprire al suo interno resti di piccoli invertebrati, insetti o schegge di vegetali cristallizzati in una sorta di eterno riposo. In questo caso diventa un pezzo assai prezioso, uno scrigno di lettura per i geologi.

Alla simetite è legato un affascinante mistero, che riguarda i suoi ritrovamenti. È molto curioso il fatto che non si conosca la provenienza di questo pregiato tipo di resina fossile. Può darsi che venga depositata dal fiume Simeto che si carica dei detriti dell'entroterra, ma è solo un'ipotesi.

A loro volta queste gocce dal colore caramellato del tramonto vengono raccolte da avidi ricercatori, armati di rastrelli, che poi riescono a venderle facilmente e a buon prezzo.

Attualmente i pezzi più pregiati sono custoditi in vetrine di collezionisti catanesi; altri arricchiscono il tesoro di sant'Agata. Nel passato l'ambra del Simeto veniva ceduta alle chiese, poiché bruciata sprigionava un intenso profumo d'incenso. Inoltre le polveri derivanti dalla sua lavorazione venivano usate dai pittori e dai liutai per lucidare gli strumenti più pregiati.

Durante uno dei suoi soggiorni siciliani, Goethe venne colpito dalla preziosa collezione di ambre di Ignazio Paternò Castello, principe di Biscari. Anche lo scrittore tedesco si informò sulla provenienza della simetite, ma nessuno seppe dargli una risposta.

La setta dei Beati Paoli

Tra la fine del XV secolo e la prima metà del XVI operò a Palermo una misteriosa e temuta setta di incappucciati, che animò nei suoi sotterranei una vita parallela intessuta di vendette, cospirazioni e processi sommari. La setta agiva nella massima segretezza e i componenti non si conoscevano tra di loro.

L'affascinante setta diventa popolare dopo la pubblicazione a puntate sul «Giornale di Sicilia», tra il 1909 e il 1910, delle vicende degli affiliati, a cura di Luigi Natoli. Le storie, attinte dall'opera dei pupi, saranno poi raccolte in un fortunato volume che uscirà nel 1921.

Ma chi erano realmente i Beati Paoli? Secondo lo stesso Natoli la setta era nata per proteggere i deboli dallo strapotere e dai soprusi dei nobili. Ma nel diario del marchese di Villabianca, che li osserva da un altro punto di vista, cioè da quello di un nobile, vengono dipinti come spietati banditi. C'è chi addirittura individua nella setta dei Beati Paoli l'origine storica della mafia. Ma chi rifiuta questa tesi sottolinea che i Beati Paoli rivendicano un sopruso, mentre i mafiosi vogliono comandare in un determinato territorio.

Gli adepti si ritenevano "invisibili" e non lasciavano tracce del loro operato. Per questa ragione non esistono documenti storici che ne attestino l'esistenza ufficiale. L'unica fonte è proprio il diario del marchese di Villabianca: tra le righe degli *Opuscoli palermitani* del marchese viene citata la setta segreta, il suo tribunale e il luogo dove agiva.

Pare che l'area interessata sia stata quella del quartiere Capo, nei cui sotterranei sono presenti cunicoli e caverne di catacombe paleocristiane. Si parla di ambienti scuri e misteriosi ubicati tra la chiesa di Santa Maruzza e il vicolo degli Orfani.

Sembra che la setta sia nata per volontà di un gruppo di devoti a san Francesco di Paola. Di giorno i componenti si aggiravano vestiti con un saio marrone, frequentavano per lo più ambienti ecclesiastici e, fingendosi confessori, carpivano fatti e segreti che accadevano in città. Di notte indossavano invece un'altra divisa, un sinistro saio nero. Organizzavano le vendette da compiere, istruivano processi ed emettevano condanne. Era un'organizzazione spietata che agiva in ambienti rigorosamente segreti.

Pare che la setta avesse il suo quartier generale nella sacrestia della chiesa di San Matteo, nel circondario di Castellammare. Sembra che la porta si aprisse azionando un complicato meccanismo.

Fuggevoli e invisibili, non si sa se i Beati Paoli siano realmente esistiti o se si tratti di una leggenda metropolitana. Ma la loro memoria è così radicata nella realtà storica della città, che le loro gesta sono dipinte nei colorati carretti siciliani, narrate nelle rappresentazioni dei cantastorie e messe in scena nel teatro dei pupi. Fanno da sfondo teloni dell'Ottocento, sui quali sono disegnati gli ambienti frequentati dai vendicatori incappucciati. Nell'opera dei pupi i Beati Paoli hanno sempre la meglio sulle guardie che danno loro la caccia, e non vengono mai smascherati.

Oggi molti locali sono dedicati ai Beati Paoli, ed è possibile partecipare a una visita guidata nei luoghi frequentati da questa setta. Osannati o maledetti, considerati eroi o delinquenti comuni, la loro storia, dopo cinque secoli, è ancora oggi presente nella cultura palermitana.

La comparsa dei sette angeli a Palermo

Il cielo sopra Palermo è popolato da sette angeli. Si tratta di una storia poco nota ma affascinante, descritta sulle pareti originarie della chiesetta duecentesca di Santa Maria degli Angeli, dove oggi, al suo posto, sorge la piazza Sette Angeli.

Nel 1516, a seguito di una incipiente umidità che fece cadere l'intonaco, casualmente venne alla luce un affresco raffigurante i sette angeli con i rispettivi nomi e con le loro caratteristiche iconografiche. Non credeva ai propri occhi il sacerdote Antonio Lo Duca di Cefalù. Dapprima ebbe un brivido, ma da intenditore di opere d'arte sacra non poteva che ammirare quello che gli era apparso sotto i pezzi dell'intonaco rimosso.

Le immagini erano disposte su tre ordini. Nel primo era raffigurata la creazione del Mondo e degli angeli, poi Lucifero ancora in stato di grazia e san Michele davanti al trono di Dio. Nel secondo settore era raffigurata la capitolazione di Lucifero per opera di san Michele, la cacciata di Adamo ed Eva dal paradiso, Abramo genuflesso al cospetto dei tre angeli e poi in atto di servire loro un banchetto. Infine nel terzo settore i sette angeli principi con i loro nomi e i propri simboli. La scena centrale è dominata da san Michele, il vittorioso, in atto di calpestare il dragone.

Ma la vera rarità era vedere rappresentati i sette angeli. Si trattava infatti di una sorta di oltraggio. Per questo motivo erano stati prudentemente nascosti?

Contemporaneamente alla bufera iconoclasta (726-730), gli eretici Adalberto e Clemente erano caduti nell'idolatria degli angeli, invocando addirittura i loro nomi con formule di terrore superstizioso. I due eretici furono solennemente scomunicati, e nei Concili di Roma (745) e d'Aquisgrana (789) si proibì esplicitamente, sotto pena di scomunica, di dare qualsiasi nome agli altri angeli. Si arrivò persino alla decisione estrema di imbiancare le loro immagini, come dovette avvenire nella chiesetta di Palermo. Il Concilio di Roma del 745 decretò: «Gli unici angeli che si possono invocare sono gli arcangeli Gabriele, Michele e Raffaele». Tutti gli altri dovevano essere cancellati dalle rappresentazioni artistiche. Non si avrà memoria di loro per lunghissimo tempo.

Il culto degli altri angeli era infatti spesso legato a pratiche oscure di carattere superstizioso. Eppure dei sette angeli si parla nella Bibbia per bocca dello stesso Raffaele: «Io sono Raffaele, uno dei sette angeli...».

Dopo l'eresia della iconoclastia e la distruzione di tutte le immagini, il Concilio di Nicea (735) li riabilitò. Comparvero immagini di angeli sia a gruppi, sia separati, ma molto raramente in numero di sette, e tanto meno con i loro nomi. Sette angeli, in genere posti a fianco della Madonna, sono raffigurati per esempio nella volta di San Marco a Venezia e presso Santa Maria degli Angeli a Roma. Esiste un legame fra queste figure e quelle rappresentate nel capoluogo siciliano?

Si sa che, grazie a questo straordinario ritrovamento di Palermo, nel capoluogo fiorì il culto dei sette angeli, tanto che i nobili fondarono la Confraternita imperiale dei sette angeli, con un adepto di prestigio: nientemeno che Carlo V, allora giovane re di Sicilia e più tardi imperatore del Sacro Romano Impero.

È stata la distruzione della chiesa a cancellare l'immagine dei sette angeli, oppure sono stati occultati appositamente?

Comunque qualcuno commissionò una copia dell'antico affresco, che oggi si trova in una cappella della Cattedrale di Palermo. Una santa devozione richiede la loro invocazione giornaliera con sette Gloria e una devota visita, una volta all'anno, in Cattedrale, portando sette fiori bianchi in loro onore e recitando una accorata preghiera.

Il segreto delle catacombe dei cappuccini

Ha due anni ed è rimasta così dal 6 dicembre 1920, data del decesso. Giace in una teca nella cappella di Santa Rosalia. La bambina in questione è Rosalia Lombardo, ha le guance paffute, il viso cerato e le labbra carnose. I capelli sono tirati sulla nuca da un vistoso fiocco di raso. Sembra che stia dormendo. È un'imbalsamazione perfetta eseguita dal dottor Alfredo Salafia con una tecnica efficacissima. Non svelò mai a nessuno la procedura impiegata né le sostanze che aveva utilizzato. Il segreto se lo portò nella tomba.

Siamo nelle catacombe dei cappuccini di Palermo, una città sotterranea che conserva da secoli circa ottomila mummie. È la sfida che l'uomo ha ingaggiato contro il tempo.

Il processo di mummificazione è stato avviato per caso, quando, nel 1534, il convento con la chiesetta annessa venne abitato dai frati cappuccini. C'era anche un cimitero, una fossa comune tenuta al fresco dove venivano calati i cadaveri. Quando si riempì venne creato un secondo cimitero alle spalle dell'altare, scavato nei sotterranei. Qui si cominciarono a traslare i morti, ma ci si accorse di un fatto strano: molti corpi erano rimasti del tutto intatti, mummificati naturalmente. L'episodio venne interpretato come un fatto miracoloso, e fu perciò deciso di non seppellire più i morti ma di collocarli in piedi in apposite nicchie o adagiati in un letto scavato nella pietra. È così che nacquero le catacombe dei cappuccini. La voce si sparse e per quasi tre secoli i benestanti palermitani affidarono ai monaci i corpi dei loro congiunti, dietro lauto compenso, perché venissero conservati per sempre nel loro aspetto.

È un ambiente davvero singolare, con le pareti dei lunghi corridoi fitte di mummie che guardano il visitatore dall'alto, talvolta con un sorriso macabro. È un luogo di culto, un luogo di preghiera, come ricordano spesso i frati cappuccini, un cimitero speciale dove si può dialogare con i morti. Sì, proprio così, perché era d'uso visitare i defunti e parlare con loro, addirittura tra un boccone e l'altro. Si veniva per banchettare e trascorrere un'intera giornata con i propri cari. Era come se queste persone facessero ancora parte del mondo dei vivi.

Vi sono vari settori: quello delle donne, degli uomini, dei bambini, il corridoio dei professionisti, degli artigiani, dei borghesi, l'area dedicata ai prelati, e vi è anche una discreta rappresentanza diplomatica straniera. C'è posto per le donne vergini, riconoscibili perché hanno sul capo una corona. Benché distanti tra di loro, vi sono garibaldini in camicia rossa e soldati dell'esercito borbonico in alta uniforme. La morte ha cancellato ogni astio.

Questo posto è un libro aperto anche per capire le mode dell'epoca. I vestiti di ogni mummia sono, infatti, ben conservati. Ma qual era la procedura di mummificazione? Non è stata mai svelata del tutto, e rimane a tutt'oggi un mistero. Si sa che esisteva un obitorio dove venivano portati i cadaveri per l'asportazione degli organi interni, e che si procedeva all'imbottitura con della paglia, proprio come si usa fare nella tecnica di imbalsamazione degli animali. Non si conosce invece il tipo di essenze aggiunte e la composizione degli oli, unguenti e aceto, sostanze con le quali veniva cosparso il cadavere. Si sigillava l'ingresso e si lasciavano i corpi a essiccare per almeno otto mesi. Trascorso questo lungo periodo, si portavano all'aria aperta, dove venivano ancora trattati con aceto, arsenico e latte, per poi procedere con la fase della vestizione. In certe circostanze, agli inizi del Novecento, per le imbalsamazioni venivano impiegate sostanze chimiche che venivano iniettate sul corpo del cadavere. Anche in questo caso si conosce il procedimento, ma la formula è coperta da segreto. Non v'è dubbio che questa tecnica funzionava alla perfezione. Il volto sereno di Rosalia Lombardo, una delle ultime a essere ammesse alla sepoltura nella cripta, ne è la testimonianza.

Al primo impatto le catacombe dei cappuccini di Palermo possono sembrare un macabro spettacolo, ma quando ci si abitua alla presenza delle mummie diventa un momento di riflessione sulla caducità della vita.

Sarà inutile chiedere ai frati cappuccini il segreto dell'imbalsamazione, le cui tecniche sono state tramandate: non lo sveleranno mai. Qualcuno si vanta di avere scoperto la formula magica, ma sono in pochi a crederci.

Il giallo della baronessa di Carini

«*Si cunta e si raccunta*...». Iniziano così molte storie siciliane impregnate di realismo magico. Storie apparentemente lontane dalla realtà, ma che potrebbero essere vere. Tra le vicende narrate in piazza dai cantastorie, quella della baronessa di Carini è certamente la più diffusa.

Si tratta della baronessa Laura Lanza di Trabia, che il 21 settembre 1543, a quattordici anni, andò in sposa al nobile Vincenzo La Grua Talamanca, discendente di una nobile famiglia pisana. Come spesso accadeva a quei tempi, la bella Laura dovette dividere il letto con una persona che non amava. Inoltre il marito si assentava frequentemente per affari o per lunghe battute di caccia. Ecco così apparire un'altra figura chiave. È il cugino di Laura, un certo Ludovico Vernagallo, proveniente da Montelepre, che si faceva vedere con un bel baio a Carini. Aveva i suoi buoni motivi: il fascino della baronessa Laura Lanza. La passione durò a lungo: gli amanti avrebbero avuto addirittura dei figli, si dice, con il placet del marito. La baronessa fu prolifica: nella sua breve esistenza ebbe ben nove figli. Per i due innamorati tuttavia la vita sarebbe stata difficile, non solo perché lei era sposata, ma soprattutto perché tra le rispettive famiglie non correva buon sangue. Bastarono le chiacchiere della gente perché la tresca fosse portata in piazza. Ora bisognava salvaguardare il prestigio del nobile casato.

Colta in flagranza con il giovane amante, Laura sarebbe stata assassinata dal padre Cesare nell'ala ovest del castello. Sarebbe stato un delitto d'onore, compiuto il 4 dicembre 1563. Lo proverebbe una lettera riservata indirizzata al re di Spagna, con la quale il barone di Trabia si autoaccusava del tremendo delitto. Si dice addirittura che la missiva sia custodita nell'archivio della Chiesa Madre di Carini. Fatto smentito più volte dalle autorità ecclesiastiche, che ammettono solo l'esistenza dell'atto di morte della baronessa, datato 4 dicembre 1563.

Sarebbero tanti i misteri da svelare in questa vicenda, che è stata romanzata, rappresentata e, nel 1975, sceneggiata dalla RAI. Per prima cosa andrebbe chiarito il ruolo del marito della vittima, il barone Vincenzo La Grua, che avrebbe assistito al delitto ma fu scagionato dal suocero assassino. Lui e il genero si sarebbero messi d'accordo per lavare l'onta subita dalle famiglie e l'esecuzione sarebbe stata riservata all'impetuoso Lanza. Non è però nemmeno certo che il padre, Cesare Lanza, uomo feroce e impulsivo, abbia ucciso la propria figlia. L'infamante accusa è contenuta in un volume del 1913 dello storico Salamone Marino, che se ne occupò con un lavoro da cronista. I conti però non tornano quando viene riferito in altri testi che il padre, distrutto dal rimorso per l'omicidio, si ritira a vita privata nel castello di Trabia, dove, in preda alla disperazione, morirà d'inedia. Fatto però impossibile, in quanto Cesare Lanza risulta essere pretore a Palermo negli anni 1564 e 1566. Dunque avrebbe condotto una normale vita sociale, da uomo impegnato in incarichi di responsabilità: altro che vita solitaria e di penitenza. C'è ancora un'altra versione sul movente del delitto, quella dello storico Calogero Pinnavaia, secondo il quale l'omicidio avvenne al termine di un litigio per ragioni puramente economiche.

Non vi è dubbio che si tratta di un antico e intricato giallo, che ancora oggi non è stato risolto. Addirittura l'amministrazione comunale di Carini, per restituire la verità alla storia, ha affidato anni fa il caso a un team di criminologi di fama internazionale: dei veri e propri investigatori della International Crime Analysis Association indagheranno su questo delitto storico.

Si dovranno nuovamente riaprire gli antichi fascicoli.

William Shakespeare era siciliano?

In Sicilia si parlava già da tempo delle origini mediterranee nientemeno che del drammaturgo William Shakespeare. Ma la notizia ha fatto il giro del mondo a seguito di un articolo, apparso l'8 aprile 2000, sul quotidiano londinese «The Times», che appunto ipotizzava la nascita del grande scrittore a Messina. La sua figura si confonderebbe con quella di Michelangelo Florio Scrollalancia, figlio del medico e pastore calvinista Giovanni Florio e della nobildonna Guglielma Scrollalancia. Nell'articolo si legge che Shakespeare fuggì da Messina, dove, a causa della Santa Inquisizione, si svolgevano sommari processi che spesso sfociavano in sentenze di condanne a morte. Essendo egli figlio di un convinto calvinista, fu mandato prima a Venezia e poi in Inghilterra. Un ramo della famiglia infatti, per parte di madre, viveva in Inghilterra, mentre il padre aveva parenti nell'Italia settentrionale. Si stabilì a Stratford-upon-Avon, nel cuore delle Midlands occidentali, nella contea del Warwickshire, a circa 150 chilometri da Londra. Il nome William lo avrebbe preso per ricordare un cugino della madre morto prematuramente, il cognome materno invece lo tradusse: *Shake* (scrolla), *Speare* (lancia).

A supporto di questa tesi c'è una teoria dello storico siciliano Martino Iuvara, che ha approfondito l'argomento e che per anni si è battuto per affermare i natali messinesi di Shakespeare. «I primi dubbi», spiega il professore Iuvara, «sorsero negli anni Venti, quando venne ritrovato un volumetto di proverbi dal titolo *I secondi frutti*, scritto nel XVI secolo sempre da Florio. Il libretto contiene molte citazioni presenti nell'Amleto». Inoltre parecchie delle sue opere sono ambientate in Italia. Egli conosceva minuziosamente usi, costumi e addirittura la legislazione in vigore nei vari regni che componevano l'Italia del Cinquecento. Inoltre, in tutta la produzione shakespeariana non viene fatto alcun accenno alla sua città ufficiale di nascita, Stratford, mentre vengono efficacemente citati piccoli borghi italiani. Tutto ciò era solo frutto del suo interesse per l'Italia? Oppure la sua scrittura conservava l'essenza, la nostalgia delle origini? Il noto titolo *Molto rumore per nulla* richiama letteralmente *Tanto trafficu pi nenti*, scritto da Michelangelo Florio nel 1579. Aggiungiamo che Shakespeare conosceva bene anche la storia romana e sapeva che Pompeo aveva soggiornato a Messina. Un altro particolare fa riflettere: William Shakespeare frequentava un prestigioso club londinese, ma il suo nome non compare nell'elenco dei soci. Risulta invece sorprendentemente registrato quello di Michelangelo Florio.

I messinesi non trascurano questi particolari, e sottolineano che la formazione culturale del drammaturgo, che si ostinano a chiamare il Florio, è di stampo marcatamente siciliano. Il Florio si sarebbe infatti diplomato a sedici anni presso il ginnasio dei gesuiti inaugurato nel 1548 da Ignazio di Loyola, il fondatore della Compagnia di Gesù proclamato santo da papa Gregorio XV. Non ci sono tracce però di questa sua formazione culturale. I documenti che contenevano le prove degli studi messinesi di Shakespeare sarebbero spariti con il disastroso terremoto del 1908.

Certamente la questione riveste interessi non solo storici, ma anche economici. Il nome di Shakespeare è un marchio, dietro il quale si cela un grande business soprattutto turistico. Migliaia sono i visitatori che annualmente si recano a Stratford, dove tutto ruota attorno al nome di Shakespeare: teatri, associazioni culturali, la casa della figlia del drammaturgo, Susannah, una seconda casa che sarebbe stata di proprietà di Shakespeare e la Holy Trinity Church, dove l'autore sarebbe stato battezzato e dove riposerebbero le sue spoglie.

Ma anche queste certezze vengono demolite dagli "anti-stratfordiani", secondo i quali l'autore dell'*Amleto* non sarebbe l'attore semianalfabeta indicato dalla storia ufficiale, ma il raffinato Edward de Vere, conte di Oxford.

Intanto, per mettersi al sicuro, nell'agosto del 2011 il consiglio comunale di Messina ha concesso la cittadinanza onoraria *post mortem* a Shakespeare e l'inserimento del suo nome nell'albo degli uomini illustri messinesi.

Sulla genialità di Shakespeare certamente non si discute, ma il dibattito su chi fosse realmente è aperto. Addirittura presso la Brunel University di Londra sono stati istituiti corsi per indagare sulle origini di Shakespeare. La città dello stretto non ha invece dubbi: William Shakespeare era «nostro paesano».

Il poeta Petru Fudduni: uno, nessuno o centomila?

Chi era Petru Fudduni?

Si dice di lui che sia stato un poeta dialettale ma che si interessava di temi universali. Alcuni lo definirono il più celebre scrittore siciliano del XVII secolo.

Ricostruire la figura di questo eccentrico poeta è difficile. Qualcuno ha provato a tracciare una bozza biografica, ma non c'è nulla di ufficiale. Della sua vita si conosce ben poco. Pare che sia morto all'età di settant'anni. Ci sono fonti che lo danno nato a Palermo nel 1600, ma sono molti i comuni siciliani che lo definiscono un "poeta locale". Probabilmente ha girovagato e i suoi versi, misteriosamente, sono sparsi un po' ovunque. Sembra che siano stati seminati qua e là e che le parole siano fiorite in ogni luogo dove egli sia passato.

Si dice che fosse un beffeggiatore dei potenti e un abile oratore della miseria umana. Di mestiere faceva lo spaccapietre. Ma, nonostante la sua umile origine, riuscì a inserirsi negli ambienti nobiliari proprio per la sua capacità di argomentare in versi e per la sua spiccata ironia. È certamente il poeta più popolare della Sicilia, poiché in ogni angolo si trovano versi firmati da Petru Fudduni. Di lui, o meglio dell'originale poesia di Petru Fudduni, parlarono l'antropologo Giuseppe Pitrè e il suo allievo, il primo docente di storia all'università di Palermo, Giuseppe Cocchiara. Arguto, dai toni boccacceschi, riusciva a interpretare la realtà con stupefacenti sfumature d'ironia.

Insomma, era un tipo che non aveva peli sulla lingua. Era religioso ma non risparmiava i preti, ossequioso ma beffeggiava i nobili che tuttavia lo accettavano proprio perché lo consideravano strambo, folle. Amava sfidare a colpi di rima i poeti che incontrava. La sua memoria era straordinaria e aveva anche eccezionali doti di improvvisazione.

La sua notorietà è così vasta, che si mette in dubbio persino che sia davvero esistito.

Aveva il dono dell'ubiquità? Oppure in lui si celavano tanti poeti che in qualche modo hanno voluto nascondersi, proprio per i versi taglienti, dietro lo pseudonimo di Petru Fudduni?

In realtà non si conosce il suo vero cognome: Fudduni ("il folle") è senz'altro un nomignolo che gli sarebbe stato affibbiato a causa del carattere estroverso. Era un tipo trasandato, e con questi versi rispondeva a chi gli chiedesse chi fosse: «*Sutta sti vesti rozzi pilligrini / Si trovan li cori spareggiati / La rosa nasci, ntra pungenti spini / 'ntra gerbi terri li gigghi su nati / Li petri priziusi e li rubbini / 'Ntra li rustichi rocchi li truvati / Chi maravigghia c'è all'ultimu fini / Si mi viditi sti robbi sfardati?*». In sostanza voleva dire poeticamente che l'abito non fa il monaco e che le rose nascono tra pungenti spine.

Il poeta e drammaturgo Giovanni Meli lo cita in una poesia in ottava rima e parla di lui come se lo avesse incontrato. Ma questo è impossibile, visto che il Meli nacque nel 1740 e Petru Fudduni era morto settant'anni prima, almeno secondo alcune fonti.

La lettera del diavolo

Uno strano documento è conservato presso il monastero delle monache Benedettine di Palma di Montechiaro, una deliziosa cittadina della provincia di Agrigento. È uno dei pochi monasteri di clausura presenti in Sicilia, un edificio bianco che si erge su una gradinata semicircolare.

In questo luogo si trova un misterioso fascicolo epistolare noto come *Lettere del diavolo*.

Non sono, come facilmente si potrebbe credere, carte sottoposte a censura o gelosamente custodite. Materialmente si trova chiuso in uno stipo di una cella che fu abitata da suor Maria Crocifissa della Concezione, al secolo Isabella Tomasi. Una copia infatti era stata esposta alcuni anni fa al pubblico durante una mostra presso la cattedrale di Agrigento, anche se in quell'occasione venne spacciata per l'originale, e migliaia di persone ebbero la possibilità di osservarla.

Ma che cosa contiene il prezioso manoscritto?

Si tratterebbe di una missiva consegnata *brevi manu* dal demonio l'11 agosto 1676 a suor Maria. Il diavolo stesso l'avrebbe invitata a firmarla. Una tentazione che la monaca rifiutò apponendovi solo la disperata esclamazione "ohimè".

Sul significato della missiva ci sono stati lunghi anni di studi, mai però nessuno è riuscito a decifrarne il contenuto.

La lingua usata non è stata identificata. Alcune parole potrebbero essere greche, altre arabe o di derivazione turca.

Alla lettera del diavolo fa cenno lo scrittore Giuseppe Tomasi di Lampedusa, legato da un filo di parentela con la suora, nel celebre romanzo *Il Gattopardo*. In particolare, in un episodio ricorda la sua antenata suora quando parla della "beata Corbera". In realtà suor Maria Crocifissa fu dichiarata venerabile da papa Pio VI.

È certo che la destinataria ne conobbe il significato, e pare che lo abbia confidato a una suora di sua fiducia. Il segreto, mai violato, è rimasto all'interno delle mura del convento. Altre suore, nel corso degli anni, hanno visionato la lettera, ma non sono riuscite a venire a capo del suo significato. Dietro autorizzazione delle autorità ecclesiastiche, sono stati consultati esperti di tutto il mondo. Nessuno però è riuscito finora a decifrare le parole scritte o dettate dal diavolo tentatore.

Nel convento si tramanda oralmente quello che si verificò alcune ore dopo che suor Maria Crocifissa ricevette l'infuocata lettera. La badessa, suor Maria Serafica, andò a cercarla in cella per comunicarle che stavano per iniziare le preghiere per la Vergine Santissima. La trovò quasi svenuta, con il volto sbiancato, mentre teneva tra le mani ancora tremanti la lettera. Chiamò in aiuto le altre suore, che cercarono di fare rinvenire la consorella.

Quando suor Maria tornò in sé raccontò l'episodio. Ma svelò solo la prima parte del contenuto della lettera, aggiungendo che non avrebbe mai potuto dire il significato delle ultime righe.

Rimase un segreto sino a pochi giorni prima della sua morte. Pare che l'abbia confessato, ma le monache di clausura hanno mantenuto l'assoluta discrezione.

Nessuna parola, composta da questi caratteri demoniaci, è stata mai tradotta. Solo l'esclamazione "ohimè" è comprensibile: appena un lamento, un gemito per esprimere dolore, sconforto, sgomento.

Suor Maria Crocifissa della Concezione morì all'età di cinquantadue anni. È sepolta nel suo monastero.

La Madonna calata dall'alto

Il santuario di Maria Santissima di Valverde, nel comune del basso versante sud-orientale dell'Etna, custodisce un'immagine mariana molto speciale. Si dice che la sacra icona, considerata indistruttibile, sia venuta dal cielo. È infatti sopravvissuta a molti terremoti che in più occasioni hanno raso al suolo il santuario. Uno su tutti, il terribile sisma del gennaio 1693, con epicentro nella val di Noto. Il terremoto distrusse il santuario, ma rimase miracolosamente illeso il pilastro che reggeva l'immagine della Madonna.

Si tratta di un volto molto sereno e dolce, ed è singolare l'invito che la Vergine rivolge al brigante Dionisio: «Deponi quella spada, piuttosto, cambia vita». Le parole della Madonna hanno su di lui un effetto positivo e lo spingono alla conversione.

Dionisio era un brigante senza scrupoli, feroce, sanguinario, "alla moda" per il suo tempo. Siamo infatti in un periodo particolarmente drammatico per la storia della Sicilia. In competizione ci sono tre civiltà: quella araba, che domina da oltre due secoli, quella bizantina, che tenta di riprendersi l'antico dominio, e la giovane civiltà normanna, che alla fine uscirà vincitrice. Perciò in questo scenario erano all'ordine del giorno atti di banditismo, furti, piraterie, violenze di ogni genere, omicidi. Dionisio, di probabile origine ligure, agisce nel territorio di Valverde. È qui, in un momento concitato, che avviene il suo incontro con la Madonna. Sta per aggredire con la spada il giovane Egidio, quando viene fermato da una voce. È Maria, al cui cospetto si pente e si converte. A seguito di questo episodio, la Madonna gli apparirà, esortandolo più volte alla misericordia. Lo inviterà anche a costruire una cappella con i soldi conquistati con la violenza.

I lavori procedono lentamente per la scarsità d'acqua. Dionisio si rivolge ancora una volta alla Madre. La Vergine consiglia al suo protetto di scavare dentro la grotta dove egli si nascondeva ai tempi del brigantaggio. Da lì uscirà un copioso zampillo d'acqua fresca che non solo permetterà la conclusione dei lavori, ma sarà una fonte miracolosa per molti ammalati.

La cosa strana è che sino al 1040 non vi era alcuna immagine della Madonna all'interno della cappella. È in quell'anno che accade un episodio che ha coperto di mistero il santuario di Valverde. Raccontano le cronache dell'epoca che una notte di agosto Dionisio, mentre è inginocchiato in preghiera, viene colpito da un raggio di luce, seguito da una nube intensa nella quale traspare l'immagine di Maria circondata da angeli. Quando la luce scompare e la nube si dirada, rimane impressa nella parete di un pilastro della chiesetta l'immagine della Vergine. Da qui il detto della "Madonna calata dall'alto".

Alcuni hanno collegato questo episodio a un intervento extraterrestre.

I lavori di completamento proseguono nella seconda metà del XIII secolo con la costruzione del primo tempio. Nel 1500, poi, la chiesa fu ampliata e la navata assunse le dimensioni attuali. Nello stesso periodo fu costruito quasi tutto il campanile. Il terremoto del 1693 fece crollare il tetto, ma le mura resistettero. Nei primi decenni del Settecento la facciata della chiesa subì una sostanziale modifica e ad essa si sovrappose il porticato del convento degli agostiniani scalzi.

Nell'agosto del 1990 papa Giovanni Paolo II inaugurò l'anno di grazia Mariano in ricordo del novecentocinquantesimo anniversario dell'apparizione della Madonna al brigante, e il santuario di Valverde è uno dei più visitati di tutta la Sicilia. Giovanni Verga lo ricorda nella novella *Il Mistero* con queste parole: «La candela della Madonna di Valverde fa miracoli dappertutto».

La fattucchiera e il terremoto

La provincia di Catania venne colpita da un terribile terremoto l'11 gennaio 1693. Fu un sisma catastrofico, che rase quasi al suolo tutta la città di Catania.

Poco prima di questo tragico avvenimento si è verificato un episodio piuttosto strano. La mattina del giorno precedente si presentò davanti al palazzo del barone don Arcaloro Scammacca, una conosciuta fattucchiera catanese. Gridava per richiamare l'attenzione dei nobili. Doveva comunicare qualcosa di urgentissimo, si trattava di vita o di morte. Insistette così tanto che don Arcaloro ordinò alla servitù di farla salire. La strega confidò al barone che la notte precedente le era venuta in sogno sant'Agata mentre supplicava il Signore di salvare la città dal terribile terremoto che da lì a poco si sarebbe verificato. La richiesta non ebbe gli effetti sperati, in quanto il Signore era contrariato per i gravi peccati commessi dai catanesi. La fattucchiera, come una cassandra e con voce tremante, concluse: «*Dumani a Catania s'abballa senza sonu*». Il barone comprese perfettamente, perché in Sicilia ballare senza la musica significa una sola cosa: terremoto. Ricompensò la fattucchiera e con la famiglia si recò in aperta campagna. Il terremoto che seguì fu catastrofico.

Questa scena è stata immortalata in un dipinto settecentesco. Ritrae il barone con l'orologio tra le mani in attesa dell'ora fatale. La scossa sismica arrivò puntuale. Fu distruzione e morte. Le cronache puntualizzavano che erano rimaste miracolosamente in piedi solo cinque case, il resto della città era stato distrutto.

Non si sa se l'episodio della fattucchiera sia vero. Alcuni dicono che a quei tempi c'era una donna dotata di speciali facoltà che riusciva a prevedere le catastrofi. In ogni caso, il fatto contribuì ad alimentare animate polemiche che si protrassero per anni. Come mai né il barone né la vecchia maga avvisarono la popolazione? Possono essere considerati i responsabili morali di tutte le vittime?

Ecco che nacque un'altra storia che si sovrappose alla prima. Nel 1687 a Catania venne nominato vescovo monsignor Francesco Carafa. Lo chiamavano "il santo" in quanto con le sue generose preghiere riuscì a proteggere i cittadini da eventi catastrofici. Morì nel 1692 e, venute meno le suppliche del prelato, l'anno successivo Catania fu rasa al suolo dal terremoto.

Non si sa se questa storia sia funzionale alla prima, cioè fosse venuta fuori per calmare gli animi di chi aveva accusato il barone Arcaloro e la fattucchiera di essere responsabili delle vittime del sisma. Un fatto è certo: il terremoto che si registrò in quell'anno nella val di Noto fu uno dei più disastrosi eventi sismici dell'Italia. Sessantamila furono i morti e venticinque i centri interamente distrutti.

I responsi di santa Marta

Caltabellotta è uno dei più antichi paesini della Sicilia. Spicca su un lembo meridionale dei monti Sicani, in provincia di Agrigento. È punteggiata da tre picchi: monte San Pellegrino, monte Castello e la rupe Gogàla. È qui che sono state girate le scene del film di Pietro Germi *Sedotta e abbandonata* del 1964. Il paese vanta addirittura una via a Roma. I suoi quattromila abitanti hanno fama di essere molto ospitali. Infatti è usanza millenaria spargere fiori davanti alla porta d'ingresso il primo giorno del mese di maggio come simbolo di benvenuto.

In questo delizioso centro montano si perpetua un rito misterioso. Quando il cuore era stretto dall'angoscia, quando la vita si faceva difficile o quando si desiderava avere notizie di qualche parente lontano, quando si voleva conoscere il periodo di fertilità di una donna o semplicemente si voleva sapere come sarebbe andata la giornata dal punto di vista economico o sentimentale, ci si rivolgeva a santa Marta per chiederle i "segni".

Tradizione voleva che, la mattina del martedì, donne singole o riunite in gruppi uscissero all'alba per avviarsi lungo il polveroso sentiero che portava alla rupe Gogàla. Il cammino era accompagnato dal Santo Rosario e ogni fenomeno che avvenisse durante il tragitto veniva attentamente osservato per coglierne i segnali: erano messaggi subliminali che mandava santa Marta. Potevano essere di qualunque genere: atmosferici, di viandanti, di animali, un volo di qualche uccello. Tutto quanto era d'aiuto per avere una risposta ai propri problemi.

Giunte al monte, le beghine recitavano le preghiere davanti alla chiesa, per poi recarsi sulle alture da dove veniva gridato il nome del caro emigrato. La voce si amplificava nella valle in una eco celestiale. Sorvolava le colline, attraversava i monti, frusciava tra le chiome degli alberi, per giungere al cuore dei parenti lontani. Ancora una volta si attendeva la risposta di santa Marta interpretandone i segni. Capitava che alcuni contadini, che si trovavano a faticare nei campi circostanti, sentissero quel richiamo e dessero direttamente loro la risposta. A volte avveniva per commiserazione, spesse volte per burla, altre volte ancora per fede, con la presunzione di interpretare il volere della santa.

All'interno della cattedrale di Caltabellotta è collocata la cappella dedicata a santa Marta, rappresentata con un cane ai suoi piedi. È su questa monumentale nicchia che si concentrano gli studi di storici ed esperti di arti sacre. Deriva da qui la venerazione per *Mars Grabovius*, il dio romano che soleva trasformarsi in cane e che dava responsi. E perché si trova ai piedi di santa Marta? Questa arcaica usanza non è altro che l'antico oroscopo?

Ancora oggi, nelle giornate di martedì si può sentire qualcuno che sta interrogando la santa in attesa di una risposta. Non si usano più le lunghe passeggiate: basta affacciarsi dalla finestra per chiedere al cielo e attendere pazientemente i segni premonitori.

La misteriosa storia del conte di Cagliostro

Probabilmente è il personaggio simbolo della Sicilia, anche se qualcuno può dissentire. Ma nessuno può negare che Giuseppe Balsamo conte di Cagliostro presenta profonde contraddizioni, proprio come la sua terra. Fu un uomo tanto odiato quanto amato. La stessa biografia è ancora oggi avvolta dal mistero, la sua vita costellata di aspetti positivi e negativi. Chi era in realtà Cagliostro? Probabilmente è lui stesso a tracciare un fedele autoritratto: «Come vento del sud», scrisse nelle sue memorie, «così vado verso il nord, verso la nebbia e il freddo».

Si appassionò alle scienze che trattavano l'occulto, l'invisibile. Era fermamente convinto di oltrepassare la morte, di domarla come fanno i circensi con le belve feroci. Si considerava al di fuori del tempo: «Io non sono di nessuna epoca e di nessun luogo. Il mio essere spirituale vive la sua eterna resistenza e se mi immergo nel suo pensiero rifacendo il corso degli anni, se proietto il mio spirito verso un modo di vivere lontano da colui che voi percepite, io divento colui che desidero». Soprattutto era una persona libera: «Il mio nome è quello della mia funzione, perché sono libero; il mio paese è quello dove fermo momentaneamente i miei passi. Mettete la data di ieri, se volete, o riuscendovi, quella di domani o degli anni passati, per l'orgoglio illusorio di una grandezza che non sarà forse mai la vostra. Io sono colui che è».

Giuseppe Balsamo nacque a Palermo il 2 giugno 1743. I genitori provenivano da una influente famiglia i cui membri avevano aderito all'ordine dei Cavalieri di Malta. Venne battezzato presso la cattedrale con una sfilza di nomi: Giuseppe, Giovanni Battista, Vincenzo, Antonio, Pietro, Matteo. Il padre morì quando lui non aveva ancora un anno e la madre, una violinista, rimasta con altri due bambini, lo affidò alle cure di un parente farmacista. È in questo contesto che coltivò la passione per la medicina. Dopo alcuni anni venne rinchiuso in convento per seguire la carriera ecclesiastica, ma non prenderà mai i voti monastici. Anche qui rimase affascinato nel seguire il suo tutore, un frate speziale, dal quale apprese i segreti della chimica e della farmacologia. Abbandonò il convento di Caltagirone dopo dodici anni e si trasferì a Roma. Nella capitale sposò la bella Lorenza Feliciani, figlia di un commerciante di vini.

Con l'affascinante sposa condivise diverse avventure. Si autonominò conte di Cagliostro, raggiunse la Spagna e, con la complicità della moglie, iniziò a sperimentare le prime formule magiche. Nel 1771 giunse a Londra dove, a causa di vari debiti, fu mandato in prigione. Mentre era in carcere la moglie lo abbandonò. Nel 1776 il nome del conte di Cagliostro circolerà a Marsiglia, con la fama di guaritore. Si riconciliò con la moglie, dopo che aveva scontato la pena in prigione per adulterio. Un anno dopo fece ritorno a Londra, dove venne ammesso alla loggia massonica. Questo gli consentì di essere riabilitato, e così iniziò a riscuotere successi in tutta Europa. Portò una ventata di novità: il rito egiziano sulla rigenerazione dell'anima e del corpo, la pratica di segreti alchemici, il magnetismo animale. Affascinava intellettuali e nobili.

Nella primavera del 1780 alla corte di Varsavia ricevette un'accoglienza trionfale. In quegli anni proponeva l'elisir di lunga vita e le polveri rinfrescanti, grazie alle quali compì miracolose guarigioni. Non è escluso che queste pratiche avessero un effetto placebo sui pazienti. Conquistò la stima del filosofo e teologo svizzero Johann Kaspar Lavater e del cardinale e diplomatico francese René-Edouard de Rohan. Quest'ultimo lo coinvolse nell'*affaire du collier de la reine*, il più intricato scandalo dell'epoca, che diffamò la regina Maria Antonietta e aprì le porte alla rivoluzione francese. Cagliostro fu arrestato e rinchiuso con sua moglie nella Bastiglia in attesa del processo. La sua popolarità era così grande che vennero organizzate manifestazioni a favore della liberazione dei coniugi. Infine furono liberati ma costretti a esiliare a Londra. Cagliostro scrisse una sorta di lettera aperta inviata al popolo francese, denunciando le carenze del sistema giudiziario. La risposta fu immediata, con vari scritti firmati da intellettuali francesi. Assieme alla moglie riparò in Svizzera. Tra il 1786 e il 1788 la coppia rientrò in Italia e a Trento vennero accolti dal vescovo Pietro Virgilio Thun che aprì loro la strada per rientrare a Roma. Qui Cagliostro lavorò per ricostituire una loggia di rito egiziano. Ma le adesioni furono scarse, l'iniziativa fu vista come una sfida aperta alla Chiesa e Cagliostro venne messo sotto sorveglianza. I servizi segreti dell'epoca intercettarono una lettera, indirizzata all'Assemblea nazionale francese, con la quale Cagliostro dava la sua totale disponibilità al nuovo governo. La sua volontà fu interpretata dalla Chiesa come attività antireligiosa. Il 27 dicembre 1789 Papa Pio VI ordinò l'arresto di Cagliostro e della moglie. Venne rinchiuso nella rocca San Leo, di massima sicurezza. La condanna a morte venne commutata in carcere a vita.

Ma la sua leggenda non finisce qui. Le cronache raccontarono la fuga del Cagliostro. Si sarebbe vestito da monaco e con sé avrebbe portato la formula della vita eterna. Numerose biografie hanno cercato di fare luce sulla misteriosa figura.

Chi fu in realtà Giuseppe Balsamo? Un esperto delle scienze esoteriche? Un volgare ciarlatano? Oppure un furbo imbonitore? Il dubbio, avvolto nel mistero, rimane. Non deve sorprendere che alcune date della sua vita non coincidano, poiché più di una volta fece perdere le proprie tracce, così come avvenne con il suo cadavere.

L’isola delle gavine

Si racconta che gli abitanti di Panarea allevassero le gavine, uccelli abili nel sorvolare i mari durante le tempeste. Dotate di una grande apertura alare, le gavine, che somigliano molto ai gabbiani, venivano prese ancora implumi per essere mangiate da adulte. A un certo punto il loro destino, inspiegabilmente, cambiò. Il pittore e architetto francese Jean Houel, che visitò per la prima volta la Sicilia nel 1770 (vi ritornerà nella primavera del 1776 per rimanerci tre anni, realizzando oltre duecento tavole), descrisse le abitudini di questi uccelli: «Vivono nelle casette bianche di Panarea come galline o papere». Le gavine venivano allevate come animali da cortile, ma ormai raramente finivano per essere mangiate. Si affezionavano a tal punto ai padroni da ritrovare la strada di casa, rientrando anche da ragguardevoli distanze. Essendo abili a volare, si dice che venissero utilizzate anche per inviare messaggi.

L’isola di Panarea fa parte delle Eolie. È la più piccola e la meno elevata dell’arcipelago, ma dal punto di vista geologico è la più antica. La terra che oggi emerge dall’acqua è solo un piccolo frammento di quella originaria, in quanto una parte è sprofondata in seguito a una enorme eruzione vulcanica che ha provocato la formazione di una serie di isolotti, apparentemente staccati tra di loro, ma uniti sotto le profondità del mare. Panarea era anticamente chiamata *Euonymos*, cioè quella che sta a sinistra, ovvero alla sinistra dei naviganti che da Lipari si dirigevano in Sicilia. L'attuale nome deriva invece da *Panaraia,* che vuol dire "tutta sconnessa".

Cosa portò gli isolani ad allevare, a un certo punto, le gavine, uccelli di indole selvatica che provenivano da molto lontano? È probabile, come sostengono alcuni, che lo scopo fosse anche quello di nettare l'isola dai gabbiani che provocavano danni? In effetti spesso questi uccelli fanno valere la loro mole superiore nei confronti dei gabbiani comuni, che scacciano per procurarsi il cibo.

E come mai questa tradizione, certamente unica, si interruppe?

Lo sguardo ammaliatore della Biddrina

Non siamo certo in Scozia, e non è il lago di Loch Ness da cui prende il nome il leggendario mostro, familiarmente noto come Nessie. Ma anche la Sicilia ha un bel lago, il Biviere di Gela, con il suo mostriciattolo, la Biddrina.

Siamo nel cuore di una riserva naturale, una zona umida di importanza internazionale, a circa un chilometro e mezzo dal mare. Quando il mezzo più veloce conosciuto era il cavallo e non tutti se lo potevano permettere, rappresentava una vera e propria impresa raggiungere, soprattutto a piedi, il lago Biviere. Non solo era lontano dal centro abitato, ma il percorso presentava mille insidie.

Fu in questi tempi molto lontani che alcuni cacciatori si avventurarono nella palude, nonostante si sentisse parlare di presenze inquietanti. Giunti al lago, i cacciatori scelsero un posto tranquillo e sicuro per rifocillarsi. Con il passare delle ore avvertirono degli strani rumori. Furono scossi da un sibilo che proveniva dal canneto. Si allontanarono, nascondendosi, credendo si trattasse di una preda. Poi ritornò il silenzio, nonostante la loro pelle venisse attraversata da un brivido. Pensarono si trattasse di un alito di vento e ritornarono nella loro postazione. Il più giovane dei cacciatori, con lo sguardo smarrito nel vuoto, si inoltrò tra le tamerici, come se fosse attratto da una forza invisibile. I suoi compagni lo seguirono. Tra le chiome degli alberi sbucò un viso bellissimo di donna, che si muoveva sinuosamente con un corpo di serpente ricoperto da squame lucenti. Era la Biddrina. I cacciatori rimasero come incantati dallo sguardo affascinante della donna serpente, che continuava a strisciare tra arbusti e canneti. Gli uomini la seguirono. La Biddrina condusse i cacciatori in prossimità del lago, dove trovarono la morte.

Fin qui pura leggenda.

Ma questa storia, che certamente insegna agli uomini a non lasciarsi tentare dalla bellezza né tantomeno dall'ignoto che potrebbe condurli alla fine, trae origine da un fatto vero capitato a un cacciatore. L'uomo, confuso dalle ombre della sera che tutto ingigantiscono e storpiano, scambiò la biscia dal collare (*Natrix natrix*) per un mostro. Sarebbe stato lui a diffondere la leggenda, magari per allontanare gli altri cacciatori, facendo leva sulla presunta malvagità che si può nascondere dietro la bellezza di una donna? Altri dicono che sia semplicemente nata da una trovata efficace di qualche genitore per evitare che i bambini andassero a bagnarsi nei laghetti paludosi con il pericolo di annegarvi.

Intanto la Biddrina è catalogata tra i mostri d'Italia. Vivrebbe nelle zone umide delle campagne della provincia di Caltanissetta. Sarebbe un rettile ferocissimo, munito di una robusta corazza di squame dai riflessi tra il blu e il verde. Si dice che una Biddrina sarebbe stata uccisa a Cammuto, una contrada agrigentina, dove si trova una fontana su cui è scolpita la sua figura ed è riportata la data dell'eccezionale evento. Si racconta ancora che negli anni Cinquanta altri due esemplari sarebbero stati uccisi da alcuni pastori ai piedi del monte Saraceno.

Il nido d'amore dell'ammiraglio Nelson

L'ammiraglio inglese Orazio Nelson ebbe un rapporto particolare con la Sicilia.

Fu davvero la terra dove il popolare eroe nazionale britannico trascorse i più bei momenti della sua movimentata vita?

Alcune fonti si limitano a scrivere che la Sicilia fu per Nelson una vacanza felice, senza aggiungere altro. Altre citano particolari privati dell'ammiraglio, come la storia d'amore con l'affascinante lady Emma Lyon Hamilton, moglie dell'ambasciatore inglese sir William Hamilton. Sembra che la loro passione sia fiorita proprio in terra siciliana.

Intanto, come mai Nelson si trovava in Sicilia?

Nell'anno 1799 Ferdinando I di Borbone, re delle Due Sicilie, volle dare un riconoscimento all'ammiraglio inglese per avere falciato sul nascere la Repubblica Partenopea. Non era un regaluccio da nulla, ma un territorio che comprendeva i possedimenti dell'abbazia di Santa Maria di Maniace a nord di Bronte, oggi un comune di circa quindicimila abitanti che si estende alle pendici occidentali dell'Etna. Fonti ufficiali riportano che Nelson non visitò mai queste terre, altre invece sostengono che vi trascorse una notte d'amore con la procace Emma Lyon.

Il feudo (il complesso è conosciuto come ducea di Nelson) fu amministrato da contabili inglesi che avevano ricevuto la procura. È certo che dal 1836 in poi i possedimenti furono frequentati stabilmente dai discendenti dell'ammiraglio, i Nelson Bridport.

Solo nel 1981 il feudo venne acquistato dal comune di Bronte e aperto al pubblico dopo una serie di accurati restauri. Il complesso edilizio conserva ancora elementi tipici di architettura tardo normanna, come la chiesetta annessa a quella che fu l'abbazia benedettina, con il portale marmoreo, un'opera di grande valore. Oltre che per ammirare le pregevoli opere d'arte – dipinti e bassorilievi –, il rigoglioso giardino, le costruzioni settecentesche, sintesi della cultura siculo-normanna, è interessante visitare il museo dei Nelson proprio per chiarire se egli sia mai stato in questi luoghi. Vi si accede attraverso un massiccio portone di legno, e vi si possono ammirare gli stemmi della famiglia e il motto araldico: *Palmam qui meruit ferat*. Siamo nel piano dove gli antichi proprietari trascorrevano la loro vita ed era severamente proibito visitarlo. Gli appartamenti sono ornati delle suppellettili originarie e la stanza di lettura contiene rarissimi libri in lingua inglese. Tra i cimeli di Nelson il museo conserva la bottiglia e i bicchieri con cui il valoroso ammiraglio brindò sulla *Royal Navy* in occasione della celebre battaglia navale di Trafalgar che lo vide clamorosamente vittorioso ai danni della flotta franco-spagnola. In questa cruenta battaglia Nelson fu ferito a morte da un colpo di moschetto che gli perforò un polmone.

Ebbene, tutti questi preziosi ricordi che si trovano nelle stanze del museo non dimostrerebbero quanto sia stato legato l'ammiraglio ai possedimenti di Bronte? È possibile che non vi abbia mai messo piede? Se alcune fonti danno per certa la presenza in Sicilia di Orazio Nelson, è credibile che non abbia mai varcato, magari per semplice curiosità, la soglia della sua casa? E ancora, come mai spesso apponeva la firma Nelson-Bronte? Dunque la residenza di Bronte potrebbe essere stata una parentesi piacevole e segreta dell'ammiraglio, un nido dove consumare le notti di passione con la bella lady Emma Lyon Hamilton. Un amore che lo sconvolse. Così come rimase sconvolto dall'irresistibile fascino della donna quell'artista che la ritrasse più volte, l'elegante ritrattista inglese George Romney.

I mostri di villa Palagonia

Quali segreti nasconde l'eccentrica villa Palagonia? Siamo a Bagheria, in provincia di Palermo, dove sorge una superba villa settecentesca in stile barocco fatta costruire da Francesco Ferdinando Gravina, quinto principe di Palagonia. Si dice che fosse un uomo deforme, e per questa ragione decise di fare scolpire tutt'intorno delle statue in pietra tufacea con fattezze mostruose, tanto da sentirsi meno brutto. Se sia vera questa storia è un mistero, si sa invece che il principe non era certo una bellezza: viso smunto, naso lungo, occhi stretti e sopracciglia arcuate.

Attorno ai muri esterni dei corpi bassi si può assistere a una vera e propria sfilata di storpi, gobbi, gnomi, sagome sbilenche, figure antropomorfe, buffi suonatori, beffardi incroci di animali, bocche spalancate, mostriciattoli, tanto da essere conosciuta nel mondo come "villa dei mostri". Si dice inoltre che è frequentata da fantasmi e che lo stesso spettro del principe si aggiri indisturbato tra le stanze.

A parte i racconti da brivido e le maldicenze, la superba residenza di villeggiatura è stata visitata negli anni da illustri viaggiatori. Nella Pasqua del 1887 il poeta e scrittore Johann Wolfgang von Goethe, accompagnato dall'artista Frieda Kniep, vi si soffermò per un'intera giornata. Pur rimanendo fortemente disgustato alla vista delle strane statue, Goethe dedicò a essa fitte pagine di appunti e, prima ancora del rientro in patria, grazie alle sue lettere, la fama della strana villa si diffuse tra la corte di Weimar del duca Karl August e il salotto dell'amica Charlotte von Stein.

Anche l'arredamento del salone era bizzarro: alcune sedie non poggiavano comodamente sul pavimento perché i piedi erano segati in maniera disuguale; altre, tappezzate con velluti apparentemente comodi, nascondevano minacciosi spilli. In un salone di ricevimento del secondo piano, dai colori sgargianti, specchi deformanti restituivano immagini buffe. Insomma una sorta di casa stregata.

Ma perché tante stranezze? Il principe era di spirito così scherzoso da tendere tranelli e burlarsi degli ospiti? Oppure voleva davvero esorcizzare la propria bruttezza? O piuttosto amava costruirsi attorno un mondo fantastico? O forse ancora intendeva prendere in giro la nobiltà da cui era circondato?

Di sicuro l'originalità della villa colpiva il visitatore. L'inglese Patrick Brydone annotava nel suo taccuino: «Il Palazzo di Palagonia per la sua bizzarria non ha uguale sulla faccia della Terra... il Principe di Palagonia ha dedicato la sua vita intera allo studio delle chimere e di mostri e se ne è fatti fare tanti che più ridicoli e più strani neppure la fantasia dei più arditi scrittori di romanzi e storie di cavalieri erranti avrebbero saputo creare... Pare di essere capitato nel paese dell'illusione e dell'incantesimo».

L'isola che non c'è

Nel giugno del 1831 un vulcano sottomarino esplose, sputando fuoco e vapori che annebbiarono l'aria circostante. Attorno galleggiavano tonnellate di pesce morto. Il terremoto si avvertì a Sciacca, Marsala, Trapani, nell'area del golfo di Castellammare sino a Palermo. Il materiale gassoso eruttivo diede origine a spettacolari aurore. Fu un evento di natura eccezionale, in quanto da questo inferno scatenatosi a ventisei miglia dalla costa di Sciacca si formò una piccola isola a forma conica. Diversi furono, nei giorni successivi, i marinai che tentarono di giungere sulle coste della nuova terra. Ma inutilmente. Fallirono tutte le volte, fermati dalle esalazioni che da lì si sprigionavano.

Il primo ad approdare finalmente fu l'ammiraglio inglese James Graham, che riuscì a piantarci sopra la bandiera britannica. Dopo alcuni giorni l'isola venne mappata da una delegazione di cartografi francesi che la chiamarono isola Julia. Con loro c'era anche un abile pittore, Edmond Joinville, che la immortalò.

La curiosità per questo straordinario evento naturale fu così grande che la voce corse per l'intera Europa. Alcune settimane dopo, un'altra delegazione di geologi e cartografi borbonici, guidata dal fisico Domenico Scinà, riuscì a mettere piede sull'isoletta e a tracciare altre cartine. In quell'occasione venne battezzata con il nome di Ferdinandea, in onore al re delle Due Sicilie Ferdinando II.

Era nata da poco questa nuova terra sul canale di Sicilia, che già aveva diversi pretendenti proprio per la sua posizione strategica nel Mediterraneo. Se la contendevano tre Stati anche se, a norma del diritto internazionale, doveva appartenere alla Sicilia. In un primo momento si discuteva sul filo della diplomazia, e successivamente gli animi iniziarono a scaldarsi. Ma non ci fu il tempo di prendere nessuna decisione, perché l'isola, come dal nulla era apparsa, nel nulla venne inghiottita. Si pose così fine al difficile problema della sua sovranità.

Del fenomeno si occuparono, ognuno per le proprie competenze, geologi, vulcanologi, storici, diplomatici, politici, generali. Rapidamente si creò una sorta di mito, una leggenda attorno a una terra voluta da tutti, ma che nessuno ottenne. La sua esistenza fu di brevissima durata. Si calcola che sia rimasta emersa appena sei mesi.

Come è possibile una vita così breve per un'isola?

Alcuni studiosi sostennero che, essendo composta prevalentemente da tefrite, un materiale roccioso eruttivo facilmente erodibile, il mare riuscì a riprendersela a seguito di una tempesta. L'8 dicembre dello stesso anno, il capitano Vincenzo Allotta del brigantino Achille ne registrò la scomparsa. Dell'isola rimaneva un banco mobile di roccia lavica. Anche se curiosamente venne chiamata Julia in Francia, Graham in Inghilterra e Ferdinandea in Italia, l'appellativo internazionale che le venne attribuito fu "isola che non c'è".

È possibile che fosse già emersa almeno un paio di volte, seppure per un tempo brevissimo, nel corso del XVII secolo? I più antichi resoconti sull'attività sottomarina risalgono alla prima guerra punica. La massa della leggendaria isola è oggi adagiata sul banco di Graham, tra la costa di Sciacca e l'isola di Pantelleria. Recenti studi oceanografici hanno evidenziato che l'attuale banco costituisce, con altre due rocce, conosciute con i nomi di Nerita e Terribile, uno dei coni accessori di un vulcano sottomarino, Empedocle, paragonabile per larghezza all'Etna.

Un curioso episodio si verificò nel 1987, quando la US Air Force lanciò un missile contro l'incolpevole isola sommersa, erroneamente scambiata per un sottomarino libico.

Ercole, il vascello fantasma

La morte, a trent'anni, del padovano Ippolito Nievo, giurista, drammaturgo, poeta, scrittore (manie e vezzi del mondo aristocratico sono raccontate nelle *Confessioni di un italiano*) ma anche agguerrito garibaldino, rimane un mistero legato alla Sicilia e in particolar modo al personale e delicato incarico di contabile che aveva ricoperto nella spedizione dei Mille.

Sono le prime luci del 4 marzo 1860, e un'alba colora di miele il cielo sopra monte Pellegrino.

I mozzi del vascello *Ercole*, una vecchia imbarcazione inglese ancorata al porto di Palermo, si danno un gran da fare per le ultime pulizie prima della partenza. Intorno alle 11.00 Ippolito Nievo sale la scaletta del piroscafo. È combattuto, non ha tanta voglia di partire. Porta con sé un voluminoso plico di estrema importanza. Vi è annotato il resoconto del bilancio finanziario della spedizione. Una pesante borsa contiene mezzo milione di piastre. Nievo è seguito da un gruppo di facoltosi funzionari militari. Documenti e testimoni dovranno convincere la commissione d'inchiesta parlamentare della regolarità finanziaria dell'avventura garibaldina. Pesa, infatti, il grave sospetto di sostanziali ammanchi causati da un utilizzo spregiudicato di finanze statali. Dunque il compito della delegazione siciliana è di sbarcare a Napoli, per poi proseguire per Genova e quindi a Torino per la consegna ufficiale dei libri contabili al governo del re. Ippolito Nievo è pensieroso, si liscia i baffetti, ma non certo per le condizioni del mare, fermo come l'olio.

Alle 12.25 l'*Ercole* salpa con la rotta puntata sul golfo di Napoli. Durante la traversata il vascello viene misteriosamente inghiottito dalle acque del Tirreno, pare a sud di Capri. Non è chiaro perché non viene diramato alcun allarme del mancato arrivo al porto partenopeo: le ricerche si attivano solo dopo dodici giorni, quando salpa il piroscafo *Generoso* con il compito di seguire la rotta dell'*Ercole*. Ritorna indietro: nessuna traccia del vascello scomparso né degli uomini a bordo. Documenti e contante sono finiti in fondo al mare.

In quei giorni fioriscono varie ipotesi sul naufragio: si parla di scoppio di caldaie, di dirottamento volontario in Albania, di sabotaggio, addirittura di un arrembaggio da parte di pirati saraceni. Dopo alcuni mesi vengono resi noti gli atti dell'inchiesta, non certo dettagliata: era stata la nave *Pompei* ad avvistare per l'ultima volta l'*Ercole*, all'alba del 5 marzo, in prossimità di Capri. Dei circa novanta passeggeri, compreso l'equipaggio, si è persa ogni traccia, anche se la stampa partenopea parlerà di un naufragio nel mare di Ischia e del rinvenimento a riva di diversi cadaveri.

Molti anni dopo un pronipote di Nievo ipotizzò un clamoroso attentato con un ordigno esplosivo. In sostanza, come sostiene Stanislao Nievo nel suo libro *Il prato in fondo al mare*, suo zio, l'eroe, sarebbe stato la vittima sacrificale di un acceso contrasto tra garibaldini e moderati per offuscare in qualche modo la spedizione. In questo modo l'intendenza dell'esercito meridionale avrebbe potuto dimostrare, con i propri rendiconti, l'impeccabile gestione finanziaria.

Tutta la vicenda è rimasta avvolta nel mistero sino a oggi. Se ne sono occupati inchieste televisive e giornali. Persino Umberto Eco ne fa cenno nel volume *Il cimitero di Praga* e se ne parla nel precedente libro *La tragica morte di Ippolito Nievo* di Cesaremaria Glori.

Ci sarebbero invece molti dubbi sul tipo di ordigno che sarebbe stato introdotto al porto di Palermo, occultato in una cassa mercantile. Ovviamente all'epoca non c'erano ancora i timer, dunque sul vascello fantasma – ammesso che di attentato si sia trattato – doveva esserci un infiltrato. A questa misteriosa vicenda è stato dedicato persino uno spettacolo teatrale nel corso del centocinquantesimo anniversario dell'Unità d'Italia, rappresentato al castello Eufemio di Calatafimi per la regia di Giacomo Frazzitta. Protagonista è Ippolito Nievo (interpretato dallo stesso regista), che nel 1859 si arruola tra i Cacciatori delle Alpi di Garibaldi e l'anno successivo partecipa alla spedizione dei Mille. Distintosi nella battaglia di Pianto Romano e a Palermo, a Nievo sarà affidata l'intendenza di finanza dell'intera spedizione. Da quel momento diverrà depositario di segreti scomodi e sarà messo sotto inchiesta dal regno Sabaudo. Lo spettacolo rivela gli inquietanti segreti e i retroscena della spedizione.

I misteri della battaglia di Pianto Romano

La prima pagina della «Domenica del Corriere», datata 1° maggio 1860, raffigura Giuseppe Garibaldi, in uno dei tanti disegni memorabili firmati da Walter Molino. Il generale ha la sciabola in mano con la punta rivolta verso il basso e ai suoi piedi c'è un soldato borbone chino su un cannone. Alla sua destra Nino Bixio lo ascolta. In questo momento Garibaldi avrebbe detto: «Come potrei morire meglio per il mio Paese?», e non come notoriamente si crede: «Qui si fa l'Italia o si muore!».

Siamo nella collina di Pianto Romano, a pochi chilometri dalla città di Calatafimi, teatro della storica battaglia del 15 maggio 1860 che fu decisiva per le sorti della spedizione dell'unità nazionale. I Mille di Garibaldi riuscirono a sconfiggere i nemici Borboni che li sopravanzavano per numero di almeno cinque volte.

Un vero miracolo questo epilogo sanguinoso, tanto che dalle pagine del diario di guerra del garibaldino Cesare Abba si legge: «Dal campo, stemmo a vedere la lunga colonna salire a Calatafimi, grigia lassù a mezza costa del monte, e perdersi nella città. Ci pareva miracolo aver vinto. Era un silenzio mestissimo. Si fece notte in un momento, ed io con Airenta e Bozzani ci addormentammo in un campicello di grano».

Proprio a causa di questo squilibrio di forze in campo di battaglia, alcuni storici hanno avanzato l'ardita tesi secondo la quale la battaglia fu vinta con un "trucco", ovvero sarebbe stata addirittura comprata, più o meno come è accaduto nei nostri giorni con certe partite di calcio. Ma qui naturalmente la posta in palio era ben più alta e non c'era un arbitro in campo.

Il mistero di questo episodio emerge in maniera abbastanza curiosa in una testimonianza di un "finto" soldato borbone. Si tratta del calatafimese Nello Morsellino, che nel suo libro (stampato in poche copie da una tipografia locale) dal titolo *Giuseppe Garibaldi: fu vera gloria?* racconta un'esperienza personale di comparsa cinematografica del 1961 nel film *Viva l'Italia* per la regia di Roberto Rossellini. «Un esercito di ragazzi calatafimesi vestiti da borbonici», racconta Morsellino, «furono contrapposti ad altri ragazzi della vicina Vita e Salemi che impersonavano i garibaldini. Tra questi paesi, per motivi campanilistici, non è mai corso buon sangue e quindi l'occasione era veramente ghiotta per trasformare una finzione cinematografica in una reale possibilità di darsele di santa ragione». Al regista sembrò un miracolo, poiché le comparse ingaggiarono realmente una battaglia e addirittura decine di esse dovettero alla fine ricorrere alle cure mediche nel più vicino pronto soccorso. Ci fu insomma una simulazione molto fedele della battaglia di cento anni prima. Rossellini, per concludere le riprese, dovette fare ritirare le comparse borboniche poiché stavolta erano i "borbonici" ad avere la meglio.

«La sera dello stesso giorno», racconta Morsellino, «molti giovani calatafimesi, adirati per essersi dovuti ritirare proprio mentre stavano vincendo, si chiedevano in quale modo poterono avere la meglio mille garibaldini contro cinquemila agguerriti borbonici nel 1860, quando essi invece, nel 1961, durante la battaglia sul set cinematografico, stavano sconfiggendo i garibaldini nemici. Allora confessammo di non sapere trovare la giusta risposta logica e forse fu questa la molla che ci spinse a ricerche storiche più vere ed approfondite sulla reale portata di questa battaglia».

Il curioso episodio è seguito da alcuni studi che sottolineano gli errori tattici commessi dai garibaldini e, se si aggiunge la netta inferiorità numerica delle camicie rosse, il teorema è che la battaglia di Pianto Romano sia stata tutto un bluff.

Naturalmente queste congetture sono respinte energicamente dai sostenitori del valore dei Mille.

La strage di Castellammare del Golfo

Sono le ore 13.00 di un gelido venerdì del 1862. È il 3 gennaio.

Le campane della chiesa non hanno suonato a mezzogiorno, le straduzze infangate sono deserte.

Davanti a un plotone di esecuzione, a ridosso di un muro di pietra, sono schierate sette persone: il prete don Benedetto Palermo di quarantatré anni, il manovale Mariano Crociata, debole di vista, trent'anni, l'agricoltore Marco Randisi di quarantacinque, la contadina claudicante Angela Catalano di cinquant'anni, Angela Calamia e Antonio Corona, settantenni, entrambi disabili, e Angela Romano, analfabeta di appena nove anni.

Un orribile ordine squarcia l'aria: «Mirare, puntare, fuoco!».

L'ordine perentorio è del generale Pietro Quintini. A sparare sono i bersaglieri piemontesi.

È una pagina drammatica e misteriosa della storia dell'Unità d'Italia. Le truppe regie avrebbero davvero passato alle armi persino una bambina?

La cronaca è riportata nell'edizione del 5 gennaio del «Giornale Officiale di Sicilia», anche se da sempre lo storico Salvatore Costanza sostiene che «non esiste nei documenti giudiziari alcuna testimonianza, diretta o indiretta, delle fucilazioni avvenute il 3 gennaio».

Ma torniamo un po' indietro nel tempo. In Sicilia venne introdotta la leva militare obbligatoria (inesistente sotto il dominio Borbonico). Il provvedimento, pubblicato il 30 giugno 1861, prevedeva sette anni di servizio di leva. Parecchi giovani dovevano abbandonare le loro terre per un ideale che non comprendevano. Le famiglie sarebbero state private di manovalanza. Alla beffa seguiva una palese ingiustizia: i *cutrara*, figli dei ricchi, pagando una sorta di tassa, venivano esonerati dal servizio militare. Così molti giovani che non potevano godere di questi benefici si diedero alla macchia, andando a nascondersi nelle sperdute grotte di monte Inici. Su di loro pesava una grave accusa: renitenti alla leva. Anzi, una norma più restrittiva li indicava come disertori. Per evitare la fucilazione dovevano condurre una vita da perseguitati, lontani dalle loro terre da coltivare, sempre nascosti.

E così scoppiarono le rivolte in tutta la Sicilia.

A Castellammare del Golfo, una cittadina che si affaccia sul mare, a nord-ovest della Sicilia, nel pomeriggio del 2 gennaio 1862 uno stuolo di disertori sgusciò dai nascondigli. Al comando dei popolani, Francesco Frazzitta e Vincenzo Chiofalo riuscirono a organizzare un piccolo esercito di quattrocento uomini. Assalirono le case del commissario di leva Bartolomeo Asaro e di Francesco Borruso, comandante della guardia nazionale. Entrambi vennero uccisi. Seguì una vendetta lampo da parte dei piemontesi.

All'alba dell'indomani due navi da guerra, salpate dal porto di Palermo, sbarcarono alla marina di Castellammare con centinaia di bersaglieri al comando del generale Quintini, considerato uno specialista in repressioni. Le truppe regie operarono, con scarso successo, una serie di rastrellamenti. Dei ribelli nemmeno l'ombra. Riuscirono però a scovare un gruppetto di persone raccolte in un fazzoletto di terra, alla periferia del paese, in contrada Falconeria. E su di loro si abbatté la vendetta dell'esercito regio. Furono accusati sommariamente di essere parenti dei disertori e in quanto tali passati sotto le armi.

C'è chi contesta aspramente questa versione dei fatti: «In assenza di documentazione probante si abusa, a distanza di centocinquanta anni, del cadavere di una povera bambina agitandolo ipocritamente in funzione di un attacco antiunitario». La tesi è che non ci sia stata alcuna fucilazione e che il termine originario di "trucidati" sia stato sostituito dai giornalisti del tempo con "fucilati", tanto per dare più risalto alla notizia. Si dice in sostanza che i sette siano morti nel corso di un conflitto a fuoco.

Sul fatto però che siano morti per pallottola piemontese non vi è alcun dubbio. I cinquantasei volumi del processo davanti alla Corte d'Assise celebratosi a Trapani in seguito alla conclusione della rivolta, andarono perduti nel corso dei bombardamenti aerei della seconda guerra mondiale. Ma se si va a spulciare tra le pagine del *Liber defunctorum* della chiesa Madre di Castellammare del Golfo, si legge: «*Romano Angela filia Petri et Joanna Pollina consortis. Etatis suae ano 9 circa hodie hor. 15 circa in Castriadmare. Animam Deo redditi absque sacramentis in villa sicdicta della Falconeria quia interfecta fuit a militi bus Regis Italiae. Ejus corpus sepultum est in campo Sancto novo*». Da queste annotazioni un fatto è certo: Angela Romano è morta in quel preciso giorno. Il passo *interfecta fuit militubus regii* è da intendere che fu colpita fortuitamente dai militari regi in combattimento contro i rivoltosi, oppure fu fucilata?

Il mistero rimane, ma non v'è ombra di dubbio che a cadere, oltre al prete e altre persone deboli, vi fu anche la piccola Angelina Romano.

A lei, nel 2011, l'amministrazione comunale di Castellammare del Golfo ha dedicato una piazza del rinomato borgo settecentesco di Scopello.

I segreti del castello d'Inici

1872-1887
allora un blando sorriso di gioventù
cospargeva di dolci illusioni il sentiero della vita.
Oggi un amaro sogghigno di esperienza
mi svela che non a tutti i morti
è concesso il godere!!
Inici, 18 marzo 1887
don Alliata Cardillo

La scritta a matita, inclinata da un lato, appariva sul segno lasciato da un quadro tolto dalla parete.

Oggi la poesia murale non c'è più. Quelle lettere, impresse con la calligrafia barocca del tempo, si sono sminuzzate e confuse con i detriti dei crolli che si sono verificati nel corso degli anni.

Siamo nel castello d'Inici, a pochi chilometri da Castellammare del Golfo e Alcamo.

La struttura ormai è in totale stato di abbandono. Ampie crepe ricoprono le mura esterne, le scale sono diroccate, gli archi lesionati, i solai spaccati, qualche lembo di carta decorata alle pareti è l'ultima sbiadita traccia di nobiltà. Tutto è compromesso, sepolto tra pietre, detriti e rovi. Attorno aleggia il silenzio storico sul promontorio.

La poesia era stata scoperta casualmente alla fine degli anni Settanta da due visitatori, lo scrittore Fabio Stassi e l'agente forestale Gianni Gervasi. Salendo sui pochi gradini rimasti ancora in piedi di una scala, i due si avventurarono su quanto restava del primo piano del castello. Dopo pochi passi, la poesia apparve loro su una parte dell'intonaco meno rovinato. Si era conservata perché al riparo di un grande quadro. Doveva trovarsi in una delle sale da pranzo oppure nelle camere private di don Alliata Cardillo. La data e la firma erano ancora incise con chiarezza sul muro. I versi, degli endecasillabi imperfetti, evocano una musicalità tardo romantica e vagamente leopardiana. Parlano dolorosamente dello scorrere del tempo, un sentimento tipicamente siciliano.

Ma è la chiusa a incuriosire. Si tratta di una delusione d'amore? Di una maledizione di chi è innamorato?

O sono i versi di un fantasma, un nobile esiliato per sempre nelle rovine del suo castello? Ma in seguito a cosa? A un delitto passionale? A un destino di misantropia e di decadenza comune a una classe che in quegli anni declinava irrimediabilmente? Si tratta delle ultime parole di un Gattopardo? O di un enigmatico testamento?

E perché furono nascoste e coperte? Per essere ritrovate da chi?

I versi si sarebbero persi, se non fossero stati appuntati nel taccuino personale dello scrittore.

Il terremoto che cambiò la genetica

È possibile che un terremoto possa avere sconvolto, oltre che l'assetto urbanistico, anche il patrimonio genetico dei singoli abitanti?

Sono stati effettuati interessanti studi in tal senso da parte di tre ricercatori della Banca del cordone ombelicale di Sciacca. L'ematologo Calogero Ciaccio, la biologa genetista Michela Gesù e l'ematologa Giuseppina Piazza hanno registrato una variazione del DNA degli abitanti dello stretto. Ora stanno indagando per scoprirne la ragione.

Per questo motivo hanno chiesto alle autorità di analizzare il DNA di almeno duecentocinquanta delle novantacinquemila vittime del disastroso terremoto che nel 1908 rase al suolo Messina e Reggio Calabria.

Escluse le ipotesi legate alle grandi emigrazioni di massa, la tesi avanzata dai ricercatori di Sciacca ipotizza che a modificare la frequenza del DR11, una componente del DNA, dei siciliani e dei calabresi, potrebbe essere stato il radon, un gas dell'uranio presente in alcune rocce e che appunto, potrebbe essersi sprigionato dal sottosuolo a causa dei movimenti tellurici. Questa molecola oggi è presente nel 50 percento degli abitanti dello stretto, mentre nel resto della popolazione siciliana e calabrese la percentuale scende intorno al 40 percento. Se l'ipotesi che attribuisce l'aumento di frequenza del DR11 al radon sarà comprovata si tratterà di una rivoluzione negli studi sul DNA. Insomma, un terremoto anche in campo scientifico.

I ricercatori ritengono, infatti, che l'aumento di frequenza del DR11 nella popolazione messinese non sia dovuto al caso, né allo spostamento di grandi masse di popolazione o a mutazioni, ma è stato indotto dalla radioattività. Il DR11 nell'area dello stretto sarebbe aumentato per difendere la popolazione dal tumore polmonare che avrebbe invece dovuto avere un'incidenza più alta a causa dell'emissione di grande quantità di radon. La mortalità per tumore polmonare in Sicilia e in Calabria è di ottantaquattro casi su centomila abitanti, mentre nel territorio dello stretto è di settantaquattro casi su centomila abitanti. Però se consideriamo che il tasso di radioattività in questo territorio è di 80.000 Bq/m^3, contro un valore di normalità di 200 Bq/m^3, la mortalità nella popolazione dello stretto non dovrebbe essere inferiore a centodieci casi per centomila abitanti. Quindi l'aumento di malattie polmonari non solo non c'è stato, ma addirittura si muore di meno nonostante l'altissimo tasso di radioattività. Tutto ciò può essere dovuto a un effetto protettivo del DR11?

Gli studiosi ritengono che l'ambiente e il DNA siano continuamente in comunicazione e che la natura, quando avverte un pericolo per la vita, interviene per neutralizzarlo.

Il legame tra terremoti ed emissioni di radon è considerato attendibile, tanto che sono stati avviati studi mirati al perfezionamento di sensori sismici. Funzionerebbero come un allarme, che scatterebbe alla rilevazione dei picchi di gas radioattivo che precedono le scosse.

Inoltre il geologo Francesco Italiano dell'istituto di geofisica e vulcanologia dell'università di Palermo, ha misurato la radioattività dei territori della Sicilia e della Calabria e ha scoperto che la mappa è sovrapponibile a quella del DR11.

L'équipe di scienziati ha avanzato la richiesta di esumazione delle salme, sui cui resti ossei verrà effettuato il test del DNA per sapere se i messinesi di allora avevano la stessa frequenza di DR11. Oggi il materiale osseo è custodito nel Reparto di Investigazioni Scientifiche (RIS) di Messina, in attesa che venga praticata l'estrazione del DNA, sotto la direzione del maggiore Sergio Schiavone e del capitano Carlo Romano.

Probabilmente il mistero potrebbe essere svelato se congrui finanziamenti permettessero di portare a termine la ricerca iniziata tanti anni fa.

Il primo omicidio di mafia

Pochi sanno che il primo omicidio eccellente di mafia è stato quello di Joe Petrosino. Molti però conoscono la leggendaria figura dell'eroico poliziotto tornato in Italia, dopo trentasei anni da emigrato in America, per indagare su intrecci e legami tra boss americani e siciliani.

Ma c'è un mistero che riguarda l'omicidio di questo eroico personaggio, ed è nascosto nelle sue tasche.

Il cancello della villa Garibaldi di piazza Marina a Palermo è sempre quello e non è mai cambiato, ma se lo avessimo guardato la sera del 12 marzo 1909, avremmo visto ai suoi piedi un uomo accasciarsi dopo essere stato crivellato di colpi alle spalle sparati da due sicari. Nella giacca ha un orologio da taschino, d'oro, nessun'arma e tra gli effetti personali un fogliettino di carta sul quale è annotato a penna il numero 6821 e delle buste contenenti indirizzi del capoluogo siciliano. Elementi che potevano essere la prima chiave per aprire l'indagine, ma che inspiegabilmente non sono stati presi in considerazione.

Giuseppe Petrosino nasce a Padula, in provincia di Salerno, il 30 agosto 1860. Da pochi mesi i Mille erano sbarcati a Marsala. Le condizioni disagiate costringono la famiglia Petrosino a lasciare l'Italia per emigrare negli Stati Uniti. A New York lo attende una vita di sacrifici ma anche di grandi soddisfazioni. Strillone e lustrascarpe, riesce a frequentare una scuola serale di lingua inglese. Diventato maggiorenne, americanizza il proprio nome in Joe, e ottiene la cittadinanza americana e un impiego pubblico, con la mansione di netturbino. È un lavoro fisso: la nettezza urbana, infatti, rappresenta un reparto della polizia cittadina.

Il mondo dell'investigazione lo affascina e ottiene un ruolo di informatore che lo preparerà, assieme agli studi, ad approdare nel 1883 al ventitreesimo distretto di polizia. Il fiuto investigativo e la conoscenza della lingua italiana lo portano ad avere incarichi delicati da infiltrato nelle bande che spadroneggiano a Little Italy. Da qui a ficcare il naso negli illeciti affari della criminalità organizzata il passo è breve. Viene a conoscenza degli intrighi della mafia e riesce a comprenderne i meccanismi. Sgomina gang con operazioni brillanti, tanto da guadagnarsi la stima personale del presidente Theodore Roosevelt che lo promuove tenente, al capo di un dipartimento di polizia italo-americano. Ha successo dunque nella vita professionale ed è felice in quella privata. Si sposa e ha una figlia, Adelina.

Poche settimane dopo la nascita della bambina, gli arriva la notifica che tanto attendeva: l'autorizzazione per la missione in Italia da parte del comandante della polizia americana di Bingham. La moglie è preoccupata, lo scoraggia dal compiere la rischiosa trasferta, ma lui la rassicura e parte in gran segreto il 19 febbraio 1909 imbarcandosi sul battello *Duca di Genova*. Porta con sé il ricordo della figlia, della moglie e una borsa zeppa di carte di straordinaria importanza. È diretto in Sicilia, a Palermo, ma passerà da Padula per salutare il fratello. Per precauzione ha in tasca un documento con il falso nome di Giuseppe Di Giuseppe: è la nuova identità che si è procurato per ragionevoli motivi di sicurezza.

In Italia la prima tappa ufficiale è Roma per un colloquio con il dottor Camillo Peano, responsabile di gabinetto del governo Giolitti. Arriva a Padula il 27 febbraio per salutare il fratello. Qui avrà una sorpresa: il titolo in prima pagina di un giornale riporta a caratteri cubitali la notizia del viaggio di Joe Petrosino in Italia. Una notizia che doveva rimanere segreta.

Suo fratello gli consiglia di non andare in Sicilia e di fare ritorno a New York perché ora la missione è ad alto rischio. Pare che la notizia si fosse diffusa per una ingenuità dello stesso capo della polizia newyorchese che si era lasciato sfuggire indiscrezioni, davanti ai giornalisti, sui dettagli dell'operazione. In ogni caso Petrosino non rinuncerà agli obiettivi: tagliare i legami tra la mafia siciliana e quella d'oltreoceano, svelare gli oscuri intrecci tra politica e criminalità.

Joe Petrosino sbarca nel porto di Palermo il 1° marzo, si reca subito dal console americano Bishop per illustrargli le ferme intenzioni di fare luce sulle collusioni tra mafia e politica e in particolare tra la criminalità e alcuni candidati alle imminenti elezioni. Inizia a lavorare e va a rovistare presso l'archivio segreto di polizia tra dossier che contengono dettagli utilissimi alle indagini. Ma i fascicoli sono vuoti: la missione è compromessa. Petrosino però non si scoraggia. Decide di cercare sul campo le informazioni che gli occorrono, si scontra contro un muro d'omertà, eppure va avanti. Commette però una grave ingenuità: si circonda di persone che ritiene fidati collaboratori. Alle sue calcagna ci sono già due sicari inviati da New York e il mafioso Cascio Ferro ha dato l'ordine di ucciderlo.

Petrosino intanto riesce a trovare a Caltanissetta scottanti informazioni sui pregiudicati mafiosi e ha l'amara conferma che godono della protezione nei palazzi del potere. È il 12 marzo. La stessa sera a Palermo, all'uscita da un ristorante, viene colpito a morte.

Negli Stati Uniti la notizia rimbalza immediatamente e una serie di editoriali, apparsi in autorevoli giornali, polemizzano contro l'apparato politico italiano. La polizia americana compie decine di arresti fra gli appartenenti all'associazione segreta "Mano nera" che Petrosino aveva individuato.

I newyorchesi partecipano in massa alla cerimonia funebre del loro amato tenente.

Carlo Costantino e Antonio Passanante vengono individuati come esecutori materiali dell'assassinio. Il mafioso Vito Cascio Ferro, accusato di essere il mandante del delitto, viene scagionato da una scandalosa testimonianza resa da un deputato neoeletto.

Durante il fascismo, grazie al prefetto Cesare Mori, Ferro viene prelevato a casa e condotto in carcere. Sarà condannato all'ergastolo. Giustizia è stata fatta, ma Petrosino non riuscì a chiudere il cerchio delle indagini che presumibilmente lo avrebbero portato dentro a quello che lui definiva «il palazzo del potere».

A cento anni dall'agguato, il 12 marzo 2009, Palermo ha reso omaggio a Joe Petrosino celebrando una cerimonia commemorativa con un annullo postale speciale e la presentazione di una statua realizzata dallo scultore Giacomo Rizzo.

Omicidio Panepinto: nessun colpevole

Fu una sentenza definita “scandalosa” quella del 7 aprile 1914. Nell’aula del tribunale di Catania si era riunita la Corte di Assise per l’omicidio di Lorenzo Panepinto. Dopo un dibattimento durato appena undici giorni venne pronunciata la clamorosa sentenza: «Avendo i giurati dato risposta negativa alle domande se l’imputato abbia ucciso Lorenzo Panepinto ed abbia tentato di uccidere Antonio Picone e Ignazio Reina», dichiarò il presidente Sgroi, «l’imputato Giuseppe Anzalone deve essere dichiarato assolto per non aver commesso i fatti a lui attribuiti e pertanto si ordina la di lui scarcerazione».

La sentenza provocò malumore tra i numerosi contadini di Santo Stefano Quisquina, che si erano riuniti per seguire i fatti processuali sull’omicidio del loro caro compagno, uno dei più amati dirigenti socialisti del movimento contadino dell’isola.

Dell’omicidio era stato accusato Giuseppe Anzalone, campiere dell’ex feudo Melia. I carabinieri avevano individuato e denunciato i mandanti e il 2 giugno 1911 il Prefetto di Agrigento aveva scritto al ministero degli Interni comunicando i nomi dei tre Ferlita: Domenico, Giuseppe e Rosario e degli Scolaro, Ignazio e Giovan Battista, uomini potenti, gabellotti degli ex feudi di Quisquina.

Tre anni dopo venne istruito il processo con un solo imputato, Giuseppe Anzalone. Tutti gli altri furono prosciolti in sede istruttoria. Il delitto del maestro rimase perciò senza colpevoli.

Lorenzo Panepinto era nato il 4 gennaio 1865 a Santo Stefano Quisquina, un piccolo comune in provincia di Agrigento circondato dai monti Sicani. Era maestro elementare e coltivava due hobby: la pittura e la politica. All'età di ventiquattro anni decise di dedicarsi in maniera attiva alla politica e divenne consigliere comunale nel gruppo dei democratici mazziniani. A seguito di ripetute delusioni e soprusi da parte degli avversari politici rappresentati dai liberal-moderati, Panepinto ritornò a insegnare a tempo pieno. Sposatosi, si trasferì a Napoli, ma nel 1893 ritornò in Sicilia fondando il Fascio dei Lavoratori di Santo Stefano Quisquina. Divenne il leader del movimento contadino dell'agro agrigentino battendosi per la riforma dei patti agrari e per una nuova formula di organizzazione cooperativistica delle terre. Diresse anche il periodico siciliano «La Plebe» e fu membro del Comitato della Federazione regionale socialista.

Il ritorno a una intensa attività politica a fianco dei più umili lo pagò con il licenziamento dal posto di maestro elementare. Ma non si scoraggiò, e approfondì gli studi di metodologia didattica pubblicando due volumi di pedagogia. Nel 1907, probabilmente anche a seguito di minacce di morte, si trasferì in America, ma la nostalgia per il suo paese era tale che vi ritornò un anno dopo. In Sicilia organizzò "l'affittanza collettiva" con lo scopo di liberare i braccianti dal potere degli intermediari mafiosi. Verosimilmente venne ucciso per questa ragione, con due colpi di fucile al petto, il 16 maggio 1911 proprio davanti all'ingresso di casa. Il tragico destino di Panepinto anticipa quello di due suoi amici dirigenti: Bernardo Verro, il primo sindaco socialista di Corleone, e Nicola Alongi, leader del movimento contadino di Prizzi.

Lo scandaloso processo che seguì il delitto lasciò dunque impuniti gli assassini. Ma in quel dibattimento accadde una cosa molto strana: qualche ora prima la parte civile, composta anche dalla moglie e dal figlio di Panepinto, si era ritirata inaspettatamente dal processo. La decisione suscitò sgomento. Forse a loro volta erano stati minacciati?

Nel centenario della morte il maestro Panepinto è stato ricordato a Quisquina con una cerimonia ufficiale e con la partecipazione degli alunni dell'Istituto Crispi, mentre l'Istituto comprensivo Giovanni Meli del vicino comune di Bivona ha creato un'istallazione per ricordare: «Tutti gli eroi che con Lorenzo Panepinto hanno combattuto per liberare queste terre». Ogni anno in suo onore vengono organizzate le Giornate panepintiane.

La scomparsa di Ettore Majorana

La scomparsa, nella primavera del 1938, del fisico catanese Ettore Majorana rappresenta un giallo mai risolto. Fu un sequestro? Un allontanamento volontario? Un suicidio? Fino a oggi nessuno è stato in grado di dare una risposta convincente, nonostante giornalisti, scrittori, inquirenti, politici, si siano occupati di questo strano caso.

Il giallo torna alla ribalta il 1° aprile 2011, quando i quotidiani riportano una notizia clamorosa: «Si riaprono le indagini sulla scomparsa di Ettore Majorana». Non è un pesce d'aprile. I magistrati hanno dato l'incarico ai carabinieri di verificare la fondatezza delle affermazioni di un ex ispettore di polizia che in un'intervista televisiva aveva dichiarato di avere incontrato il fisico siciliano negli anni del dopoguerra in Argentina, a Buenos Aires. Alla luce di queste novità, la Procura di Roma riaprì ufficialmente il vecchio fascicolo. Anche un emigrato italiano in Venezuela dichiarò di avere frequentato Majorana nel 1955, precisando che mai il fisico gli aveva svelato la propria identità.

C'è chi per anni lo ha identificato con un viaggiatore solitario che si aggirava per i paesi della Sicilia sotto il falso nome di Tommaso Lipari, e chi addirittura ipotizzò che avesse scelto la vita monastica. Fa parte di una stretta cerchia chi pensa invece che Ettore Majorana sia morto durante il famoso viaggio in piroscafo da Palermo a Napoli o qualche giorno dopo lo sbarco.

È certo che il pomeriggio del 26 marzo il fisico si imbarcò dal capoluogo siciliano sul postale della Tirrenia diretto a Napoli. Da quel momento le sue tracce si perdono. Non dà notizie ai genitori del suo arrivo, e si apre l'inchiesta. Un mozzo testimoniò di averlo visto uscire dalla cabina mentre il piroscafo era in prossimità del porto di Napoli. Inoltre, secondo i registri della compagnia navale, Majorana sbarcò regolarmente nella capitale partenopea la mattina del 27 marzo. Verrebbe in questo modo scartata l'ipotesi che si sia buttato in mare durante la traversata.

Il mistero è lontano dalla risoluzione poiché non vi sono indizi e tutte le interpretazioni che finora sono state avanzate non hanno mai condotto alla verità.

Ettore Majorana era stato uno studente prodigio. Nato da un'agiata famiglia catanese il 5 agosto 1906, aveva subito mostrato straordinarie doti per la matematica. Che si trattasse di un genio lo intuì lo zio Quirino, un grosso nome della fisica sperimentale. Il percorso scolastico di Ettore Majorana fu infatti brillante: si laureò con il massimo dei voti nel luglio del 1926 con una tesi dedicata alla meccanica dei nuclei radioattivi. Molto giovane, farà parte dei "Ragazzi di via Panisperna", l'equipe di studiosi guidata da Enrico Fermi. Majorana poté permettersi il lusso di rifiutare le titolarità delle prestigiose cattedre di Cambridge, Yale e della Carnegie Foundation. Accettò invece, proprio perché voleva rimanere in Italia, quella di Fisica teorica presso l'università di Napoli.

Sono in molti a sostenere che la sua scomparsa, volontaria o meno, sia legata ai suoi studi. Secondo l'ipotesi dello scrittore Leonardo Sciascia, che nel 1975 sulla vicenda scrisse un romanzo, *La scomparsa di Majorana*, il fisico potrebbe avere calcolato la potenza dell'energia atomica qualche mese prima che fosse resa nota la scissione dell'atomo. Essendosi reso conto della potenzialità distruttiva di questa scoperta, si sarebbe ritirato, in preda a una grave crisi d'angoscia, a vita privata.

Si è spinto ancora più oltre il fisico ucraino Oleg Zaslavskii dell'università di Kharkov, secondo il quale il suo collega italiano avrebbe messo in atto personalmente la meccanica quantistica del destino. «Con la scomparsa, Majorana avrebbe generato una realtà nella quale tutte le ipotesi sono possibili, ognuna con un grado di probabilità. La medesima cosa accade alle particelle che possono trovarsi contemporaneamente in due luoghi diversi», così ha specificato Oleg Zaslavskij. Si tratta di un'ipotesi azzardata, ma senz'altro suggestiva.

È certo che, prima di scomparire nel nulla, Ettore Majorana lavorò a importanti teorie. Tra queste, ipotizzò l'esistenza di una particella elusiva, il fermione, con applicazioni straordinarie nell'ambito della computazione quantistica.

Ebbene, nell'aprile del 2012 alcuni ricercatori olandesi hanno trovato tracce di fermioni di cui parlava Majorana. Il fisico, studiando l'antimateria, aveva intuito che tali particelle potevano coincidere con la propria antiparticella. Era stato proprio Majorana a capire l'esistenza di una massa speciale. I ricercatori olandesi hanno lavorato su scala nanometrica con sofisticate tecniche di spettroscopia a effetto tunnel. Un nano filo, un normale elettrodo, è stato messo in contatto con un elettrodo superconduttore. Le misurazioni hanno rilevato segnali che dimostrerebbero l'esistenza della particella. Le proprietà del fermione aprirebbero nuove conoscenze sui computer a quanti, di nuova generazione, dotati di incredibile velocità. Si tratta anche di un indizio in più sulla teoria scientifica secondo la quale negli spazi siderali sarebbero presenti sfuggenti particelle la cui particolarità è di essere contemporaneamente antiparticelle di loro stesse: i fermioni, appunto.

L'uomo cane

A Mazara del Vallo, importante porto peschereccio della Sicilia, è di uso comune fra le famiglie apostrofare qualcuno con un termine che è diventato una metafora: «*Si l'omu cani!*». Non è riferito all'animale domestico, ma a una figura quasi leggendaria vissuta a Mazara del Vallo dagli anni Quaranta sino ai primi anni Settanta. Chi era esattamente l'uomo cane?

All'anagrafe era registrato con il nome di Tommaso Lipari, ma in molti ancora oggi avanzano dei dubbi: quella persona così trascurata, trasandata, ma arguta, di poche parole, dallo sguardo geniale, forse non era altri che lo scienziato Ettore Majorana, misteriosamente scomparso nel 1938. Il barbone non aveva una fissa dimora, e proprio per questo motivo gli avevano dato il nomignolo di "uomo cane": era un animale randagio, senza padrone. Andava rovistando tra i rifiuti, confezionava sigarette con i rimasugli di tabacco racimolato dai mozziconi che raccattava da terra, si trascinava sempre dietro dei sacchetti con varie cianfrusaglie, ma a modo suo aveva una dignità: non accettava un solo quattrino per elemosina. Se qualcuno, per testare la sua intelligenza, gli faceva delle domande, si svincolava allontanandosi quasi infastidito. Diceva solo di essere di origini africane. Era rispettato da tutti, per la sua personalità ma anche perché si sospettava che fosse il grande scienziato siciliano.

L'uomo cane faceva parte della città come può farne parte un monumento, un reperto storico. Una mattina dell'estate del 1973 fu rinvenuto morto nella piazza principale, proprio ai piedi di una statua. Ai funerali partecipò tutta Mazara, come se si fosse trattato di una personalità importante.

Perché si diffuse la voce che Tommaso Lipari era Ettore Majorana? Si racconta che negli anni Cinquanta un genitore, preoccupato delle difficoltà del figlio in matematica, si rivolse a lui, il quale diede degli illuminanti chiarimenti al discepolo su argomenti di Matematica e Fisica, sotto la promessa solenne di non riferire mai a nessuno quell'episodio. Il padre però non mantenne il segreto, si diffuse la voce del suo genio e da allora il barbone si chiuse in un mutismo di circa trent'anni. Si aprì però una sorta di inchiesta per scoprire la vera identità dell'uomo enigmatico.

Del caso si occupò nientemeno che Paolo Borsellino, allora procuratore di Marsala. Il giudice accertò che, qualche settimana dopo la scomparsa di Ettore Majorana, usciva dalle carceri dell'isola di Favignana un certo Tommaso Lipari. Pare che venne fatta anche una perizia calligrafica. L'inchiesta venne chiusa. Ma ancora oggi c'è chi sostiene che anche la firma di Tommaso Lipari, l'uomo cane, coincide con la calligrafia di Ettore Majorana.

Il barone recluso nella prigione d'oro

Questa è l'incredibile storia di un fantasma. Ma non di quelli classici, eterei, che si aggirano coperti da un lenzuolo.

Lo scenario è il lussuoso hotel delle Palme di Palermo e il protagonista è un fantasma in carne e ossa, elegantissimo, frequentatore della vita mondana nonostante fosse ricercato dalla polizia e dalla mafia.

È il barone Giuseppe Di Stefano di Castelvetrano, un ricco proprietario terriero, persona distinta sino a quando non si macchia di un omicidio che lui definirà «un incidente».

La storia inizia a Castelvetrano negli anni Quaranta. Un ragazzo si era intrufolato nel suo feudo per rubare della frutta. Il barone, forse credendolo armato e temendo per la propria incolumità, lo uccise. Questo episodio cambiò la sua vita. Il ladruncolo, infatti, non era una persona qualsiasi, ma era legato alle cosche malavitose delle campagne di Castelvetrano. La mafia poteva ucciderlo, e non lo fece. Per quale motivo non eseguì la vendetta?

Forse per l'intervento di qualche intermediario? Oppure il nobile pagò una forte somma in cambio della vita? Fatto sta che le cosche mafiose gli diedero pochi giorni di tempo per lasciare Castelvetrano.

Di questa storia esistono diverse versioni.

È certo che il barone scelse come esilio nientemeno che un albergo, l'hotel delle Palme di Palermo, un posto che fu la sua lussuosa sede sino alla fine dei suoi giorni. Si potrebbe pensare che vi condusse una vita da segregato, ma non fu così: spesso si recava a Napoli per congiungersi con l'amante e frequentava, abbastanza regolarmente, i teatri palermitani, circondandosi di personaggi illustri, ma anche di gente poco raccomandabile.

Se la mafia aveva chiuso un occhio, risparmiandogli la vita, com'è possibile che le forze dell'ordine non l'abbiano rintracciato? È un mistero che il barone, che morì all'età di novantuno anni, si è portato nella tomba.

La bara uscì dall'ingresso principale dell'hotel delle Palme. Non era ancora sigillata, e se qualcuno avesse desiderato porgergli l'ultimo saluto lo avrebbe potuto fare. Ma il suo volto era celato da una maschera di cuoio. Queste erano state le precise disposizioni che aveva dato al fedele servo: «Non voglio che i nemici mi vedano nemmeno da morto!».

È la singolare storia del barone Di Stefano, poi ripresa dal regista Francesco Rosi nel film *Dimenticare Palermo*, dove il ruolo del barone recluso nella prigione d'oro fu interpretato da Vittorio Gassman.

Giuseppe Di Stefano fu uno dei tanti personaggi che soggiornarono nel lussuoso hotel delle Palme. Nel 1881 vi si era ritirato Richard Wagner per comporre il *Parsifal*; l'anno successivo fu scelta come sede da Francesco Crispi per impartire lezioni di politica; Vittorio Emanuele Orlando fu un cliente abituale; lo scrittore francese Raymond Roussel vi si trasferì sino alla morte, mentre il generale Carlo Poletti lo scelse come presidio durante la seconda guerra mondiale.

L'avvocato Guarrasi: è lui il Mister X siciliano?

L'avvocato Vito Guarrasi è stato uno dei personaggi più controversi e misteriosi della Sicilia, senz'altro il protagonista di cinquant'anni di storia di quest'isola.

Vito Guarrasi è l'uomo più citato in Italia: il suo nome compare in oltre trecento libri e nei verbali di almeno duecento riunioni della commissione antimafia.

Era figlio di un'agiata famiglia alcamese, diventò avvocato, imprenditore e manager. Parente di Enrico Cuccia, sin da giovane si trovò al centro degli eventi più importanti che segnarono la Sicilia. Durante la guerra partecipò a una misteriosa riunione, citata in un riservato documento redatto dal servizio segreto militare americano. Si discuteva con i boss mafiosi per stabilire come liberare la Sicilia insieme alle truppe angloamericane.

Nel 1943, a soli ventisette anni, si trovò catapultato addirittura in Algeria a trattare la resa dell'Italia, assieme al generale Giuseppe Castellani, con il presidente americano Eisenhower. Nel 1948 si candidò nelle liste del Fronte popolare e negli anni Cinquanta entrò nell'amministrazione del quotidiano serale del PCI «L'ora». Nel marzo del 1949 diventò presidente della cassa agricola don Rizzo di Alcamo. Brucia le tappe, stringe amicizie importantissime. Diventa il punto di riferimento di Enrico Mattei in Sicilia. Si dice che fu lui, assieme ad alcuni stretti collaboratori, la persona che in Sicilia mandò all'opposizione la Democrazia cristiana di Fanfani.

Vito Guarrasi fu una delle ultime persone che Mattei incontrò prima del disastro aereo.

Indagato per la scomparsa del giornalista Mauro De Mauro, Guarrasi ne uscì in maniera abbastanza pulita. Si diceva che boss di alto livello si piegavano al suo cospetto. Il giornalista Giorgio Bocca, in un articolo sulla morte di Mattei, scrisse di lui: «Dove c'è l'avvocato Guarrasi, c'è puzza di mafia».

Nonostante fosse sempre al centro di affari non certo limpidi e sia stato accusato di avere avuto rapporti con la mafia, non mise mai piede in tribunale, se non come persona informata dei fatti nel processo Andreotti. In questa circostanza si ricorda un episodio curioso. Quando Il PM gli chiese dei rapporti con il cugino Cuccia, con il quale aveva anche ipotizzato la possibilità di fondere il Banco di Sicilia con il Credito Italiano, lui rispose con un amaro sorriso: «Alla nostra età parliamo solo di tombe e cimiteri». Vito Guarrasi era un'ombra, e aveva una capacità incredibile di gestire situazioni molto complesse. Nel 1986 sarebbe diventato massone.

In un articolo su «La Repubblica» venne dipinto come «l'uomo più influente di Agnelli, più ricco di Berlusconi, più astuto di Andreotti, più segreto di Fatima». Guarrasi è stato da sempre considerato il personaggio pubblico più difficile da intervistare: rilasciò pochissime dichiarazioni alla stampa. Quando il giornalista Fava gli chiese come voleva essere ricordato, rispose con un epitaffio: «Era un uomo intelligente e chiacchierato».

Morì a Mondello il 31 luglio 1999, nella villa dove i capi della CIA a Palermo gli facevano visita e dove tutti gli ambasciatori americani che si insediavano in Italia lo andavano a salutare. Fu una presenza invisibile: il manovratore della locomotiva siciliana per mezzo secolo.

È Vito Guarrasi il Mister X che compare in molte intricate storie dell'isola?

L'assassinio del sindacalista Li Puma

Un altro sindacalista ucciso dalla mafia è stato il petralese Epifanio Leonardo Li Puma, residente nella frazione di Raffo, a due chilometri dal comune di Petralia Soprana. È una storia poco nota la sua, anche se Li Puma può essere considerato un simbolo della giustizia sociale. Fu un eroe delle Madonie che non volle cedere alle minacce della criminalità organizzata.

Li Puma fu assassinato dalla mafia agraria all'età di cinquantacinque anni. Il suo omicidio è rimasto impunito, nonostante i suoi compagni abbiano denunciato i mandanti.

Erano gli anni del dopoguerra, e nelle campagne delle Madonie la mafia rurale dettava legge. Li Puma era schierato a fianco dei mezzadri e braccianti senza terra: lottava da sindacalista per difendere i diritti dei lavoratori. Il suo nome rimase nell'anonimato forse perché conduceva quelle coraggiose battaglie in un'area circoscritta – le alte Madonie –, dove lo Stato, con la compiacenza della mafia, non aveva mai messo piede: borgate dimenticate dalla giustizia dove si poteva arrivare solo a piedi, tanto i sentieri erano impervi.

In questo contesto Li Puma, che aveva una profonda fede cristiana, lottava con tutte le sue forze. Era molto religioso ma non era d'accordo con i rappresentanti della Chiesa locale su alcune importanti decisioni. Nonostante ciò, la Chiesa rimaneva per lui sempre un punto di riferimento. Una volta si azzardò a dire che la mafia impersonava Satana. Questo commento suscitò scandalo tra la comunità ecclesiale. Rimase isolato.

Fu uno dei primi uomini in Sicilia a capire che la criminalità non solo andava prevenuta, ma anche combattuta con iniziative culturali, con azioni legali e momenti di comunione e socializzazione. Si batté per la prima scuola rurale del territorio, la prima sede sindacale, e comprese il valore della musica e del ballo come fattori di unità sociale. Leonardo Li Puma considerava essenziale che tutti sapessero leggere e scrivere. Divenne leader della Lega dei braccianti, alla quale diede un indirizzo di rinnovamento. Erano tempi di crisi, l'epoca della massiccia emigrazione verso le fabbriche del Nord. Li Puma volle contrastare la cultura mafiosa nella sua terra, tra le aspre campagne delle Madonie. Fu sindacalista della CGIL, esponente del PSI, di orientamento riformista e contrario a ogni forma di estremismo. Fu soprattutto un amorevole, benché rigoroso, padre di famiglia. Ebbe dieci figli, ai quali diede una severa educazione fondata sui valori della legalità. Aveva combattuto nella prima guerra mondiale al fronte per la patria e continuò a combattere nella sua terra per i suoi principi di uguaglianza.

La mafia del luogo lo vide come un nemico e non esitò a eliminarlo, il 5 marzo 1948. Ad assistere all'esecuzione fu il figlio di tredici anni. Non si celebrò nemmeno il processo, e la pratica venne frettolosamente archiviata con la sconfortante annotazione: «Omicidio a opera di ignoti».

Perché non si tenne conto delle minacce che aveva ricevuto? E dei plateali scontri con il marchese Enrico Pottino per l'assegnazione dei feudi a una cooperativa contadina?

A sessant'anni dall'atroce delitto è stata inaugurata a Petralia una stele con una croce alla quale è attaccato un aratro.

La strage di Portella della Ginestra

È stata la prima strage dell'Italia repubblicana quella che si è consumata a Portella della Ginestra, a tre chilometri da Piana degli Albanesi. Qui, dove spesso batte il vento, le rocche sono tinteggiate dal giallo vivo degli arbusti di ginestre e la macchia mediterranea sbuca spontanea tra i sassi.

Su una delle tante pietre sono incisi undici nomi: Margherita Clesceri, Giorgio Cusenza, Giovanni Megna, Francesco Vicari, Vito Allotta, Serafino Lascari, Filippo Di Salvo, Giuseppe Di Maggio, Castrense Intravaia, Giovanni Grifò, Vincenza La Fata, quest'ultima di soli otto anni. Sono le innocenti vittime della strage. Ai morti si aggiunsero ventisette feriti.

Era il 1° maggio 1947. Si celebrava la festa dei lavoratori. Nella vallata erano riuniti circa duemila contadini. Si manifestava contro il latifondismo e per la riforma agraria, ma c'era anche un clima d'allegria per la vittoria del Blocco del popolo, una coalizione che raggruppava i partiti della sinistra alle recenti elezioni regionali.

Improvvisamente sulla folla partirono sventagliate di mitra, che falciarono numerosi manifestanti lasciandoli a terra sanguinanti assieme ai loro muli. Fu un vero e proprio inferno: circa venti minuti di spari senza sosta. Una carneficina.

Sul luogo furono ritrovati oltre mille bossoli di armi diverse, e pare anche schegge di bombe di fabbricazione americana. Alcuni contadini dovettero convivere per tutta la vita con le schegge di proiettile conficcate nel corpo.

Solo quattro mesi dopo si apprese che a sparare erano stati i picciotti di Salvatore Giuliano e il rapporto dei carabinieri sulla strage parlava di «elementi reazionari in combutta con i mafiosi locali». Il processo venne istruito nel 1951 a Palermo e successivamente spostato a Viterbo. Si concluse con il riconoscimento della colpevolezza del bandito Salvatore Giuliano (che era stato ucciso l'estate di un anno prima) e con la condanna all'ergastolo di alcuni componenti della sua banda, tra cui il luogotenente Gaspare Pisciotta.

Il processo di secondo grado si svolse presso la Corte d'Assise di Roma. La sentenza, emessa il 10 agosto 1956, confermò alcune condanne e assolse altri imputati per insufficienza di prove. Divenne definitiva in Cassazione.

Ma perché questa strage? E chi furono i mandanti?

Portò sicuramente fuori strada il clamoroso discorso in parlamento del ministro degli Interni, Mario Scelba, il quale dichiarò: «Non c'è alcun movente politico, si tratta di un grave episodio di delinquenza comune». Nei giorni seguenti in particolare si parlò di vendetta della banda, una sorta di punizione esemplare nei confronti di contadini che avevano svelato ai carabinieri i movimenti dei banditi. Tutto ciò per gli inquirenti fu sufficiente per pensare di avere chiaro il quadro dei fatti. Non venne infatti richiesta l'autopsia sui cadaveri e le indagini si conclusero in maniera superficiale e frettolosa.

Questo movente ufficiale, poco credibile, venne smentito dallo stesso Giuliano, che fu il primo a parlare di un coinvolgimento di uomini politici. Le dichiarazioni aprirono inquietanti ipotesi sulla strage di Stato. Si parlò anche di una pista americana e di un coinvolgimento dei servizi segreti.

Giuliano non potrà aggiungere null'altro, poiché nel 1950 verrà trovato cadavere nei pressi di una casa colonica. In un primo momento si parlò di un conflitto a fuoco con i carabinieri; successivamente si chiarì che a uccidere il bandito fu Gaspare Pisciotta con la complicità di altri uomini della banda, manovrati da esponenti delle forze dell'ordine. Nemmeno Pisciotta potrà rivelare i retroscena della strage, poiché morirà avvelenato in carcere.

Solo alcuni anni fa si apprese che il segretario regionale del PCI, l'onorevole Pio La Torre, aveva tra le mani importantissimi documenti sulla strage di Portella, e in particolare sui collegamenti tra Stato e mafia. Era intenzione di La Torre fare esaminare il dossier a cinque professori universitari. Ma le carte non arrivarono mai nelle mani degli esperti: anche La Torre venne assassinato dalla mafia nell'aprile del 1982.

Rimase aperto un inquietante interrogativo: perché gli americani avrebbero avuto un ruolo diretto in questa tragica faccenda, così come lo Stato italiano?

Così commentavano alcuni giornali dell'epoca: «Portella rappresenta un simbolo della Sicilia comunista, una minaccia che si doveva reprimere prima della nascita».

Nel 1951 i nomi dei mandanti vennero fatti dal dirigente comunista Giuseppe Montalbano, deputato regionale. Erano dei monarchici. Il Tribunale di Palermo non ne tenne conto, ma certa stampa li mise in evidenza. Parecchi altri documenti però verranno secretati.

Negli anni duemila la vicenda si arricchisce di altri particolari contenuti in importanti dossier, tanto che i familiari delle vittime chiesero la riapertura del processo.

Ancora oggi la verità su come andarono i fatti è rimasta sepolta in quelle aspre terre, dove ogni anno si ricordano gli innocenti caduti sotto una pioggia di piombo.

Lupara bianca: il delitto di Placido Rizzotto

Nel marzo 2012, dopo sessantaquattro anni, sono stati riconosciuti i resti di Placido Rizzotto, il segretario della camera del lavoro di Corleone sequestrato e ucciso dalla mafia nel 1948.

Siamo negli anni del dopoguerra, quando viene reclamata la riforma agraria e i contadini occupano le terre, suscitando la violenta reazione del blocco mafioso e agrario. In questo periodo in Sicilia furono uccisi numerosi capilega e sindacalisti. Tra loro, Placido Rizzotto.

Tornato dalla guerra partigiana della Carnia, Rizzotto aveva organizzato i contadini spingendoli a rivendicare i propri diritti e aveva fondato la cooperativa "Bernardino Verro" con l'obiettivo di ottenere l'assegnazione delle terre incolte. Per queste coraggiose iniziative entrò in contrasto con i gabellotti e con la cosca mafiosa guidata dal medico Michele Navarra, a sua volta assassinato nel 1958 dagli uomini di Luciano Liggio. La sfida aperta al potere mafioso condusse Rizzotto alla morte.

Nella notte del 10 marzo 1948 il sindacalista di trentaquattro anni scomparve misteriosamente. Non ci volle molto a capire che si trattava di un caso di lupara bianca.

Dopo essere stato sequestrato, Rizzotto venne ucciso sotto gli occhi di un pastore di appena dodici anni, Giuseppe Letizia. Fu il ragazzino a fare i nomi di Luciano Liggio e Pasquale Criscione. Stranamente il pastorello venne ricoverato in ospedale in preda a uno stato febbrile. Vi morì subito dopo per una tossicosi provocata da farmaci. Guarda caso il primario dell'ospedale era il dottore Michele Navarra.

Le indagini furono avviate in maniera blanda. La CGIL proclamò uno sciopero generale contestando apertamente il Governo nazionale. In questo clima sarà il giovane universitario Pio La Torre, che verrà ucciso in un agguato mafioso il 30 aprile 1982, a sostituire Rizzotto alla guida dei contadini corleonesi.

Le indagini ebbero una svolta decisiva quando a Corleone arrivò il giovane tenente dei carabinieri, Carlo Alberto dalla Chiesa, che arrestò Pasquale Criscione e Vincenzo Collura. I due indiziati confessarono la partecipazione all'omicidio del sindacalista e ne indicarono in Liggio l'autore. Quest'ultimo si diede alla latitanza. Durante l'interrogatorio i due arrestati ammisero che il sindacalista era stato torturato, ucciso e squartato; infine il suo corpo era stato gettato in una "ciacca" a Rocca Busambra.

Nella scarpata da loro indicata vennero recuperate ossa appartenenti ad almeno tre persone, ma non vi era certezza che tra queste ci fosse anche il corpo di Rizzotto. Intanto, per timore di ritorsioni, i due arrestati successivamente ritrattarono e al processo vennero assolti, assieme a Liggio, per insufficienza di prove. La sentenza fu confermata in appello e nel 1961 dalla Cassazione.

Su questo tragico caso calò un lungo silenzio, fino al 2000, quando un film su Placido Rizzotto, per la regia di Pasquale Scimeca, riaccese l'interesse per la tragica vicenda.

Il 7 settembre 2009 i poliziotti del commissariato di Pubblica sicurezza di Corleone trovarono ancora ossa umane nella foiba di Rocca Busambra, la montagna che sovrasta il paese. Siamo nel paesotto del mafioso Totò Riina, spesso teatro di guerre tra cosche mafiose. Il gabinetto della polizia scientifica di Palermo effettua degli esami di laboratorio: i reperti vengono comparati con quelli, riesumati, del padre di Placido Rizzotto e di un altro congiunto, deceduti per cause naturali anni prima. E così, dopo sessantaquattro anni, i resti rinvenuti nella scarpata svelano il nome di Placido Rizzotto.

Questa terribile vicenda tuttavia presenta ancora diversi punti oscuri e l'indagine non si può considerare del tutto risolta.

Rizzotto è stato ricordato il 19 marzo 2012 con una cerimonia ufficiale. Corone di fiori sono state deposte in piazza Garibaldi a Corleone davanti al busto del sindacalista della CGIL ucciso dalla mafia.

Il 24 maggio dello stesso anno si sono svolti a Corleone i funerali di Stato, alla presenza del presidente della Repubblica, Giorgio Napolitano. A Rizzotto è intitolata una cooperativa che gestisce terreni confiscati alla mafia.

I segreti del bandito Salvatore Giuliano

Salvatore Giuliano è il bandito più conosciuto al mondo. Decine di libri parlano di lui in maniera più o meno realistica, e attorno alla sua figura è nata una vera e propria leggenda, con racconti spesso contrastanti. Ancora oggi ci si chiede: è stato un criminale a tutti gli effetti, oppure era dalla parte dei poveri, un eroe romantico che voleva il riscatto civile del suo popolo?

È stato messo in dubbio anche il fatto che il corpo, sepolto nel cimitero di Montelepre, appartenga davvero al bandito: il test del DNA, eseguito nel gennaio del 2011 sulle spoglie riesumate di Giuliano, smentirebbe questa ipotesi contenuta in un esposto dello storico Giuseppe Casarrubea. Il profilo genetico è compatibile con quello del nipote del bandito, Giuseppe Sciortino, ma a frenare ancora quella che sembrava una certezza è stato il procuratore aggiunto di Palermo Antonio Ingroia, secondo il quale per avere la totale conferma bisogna paragonare la mappa genetica con quella di altri congiunti in vita del bandito Giuliano. Il corpo sepolto nella cappella gentilizia di famiglia potrebbe essere infatti quello di un parente di Giuliano. Perciò nemmeno questo dubbio è stato ancora sciolto, così l'ipotesi che il bandito possa essere fuggito negli Stati Uniti non è del tutto crollata.

Ma chi era Salvatore Giuliano?

Era nato a Montelepre nel 1922. Come in tante altre famiglie, suo padre fu costretto a emigrare negli Stati Uniti e dopo alcuni anni di duro lavoro rientrò in Sicilia con una consistente somma di denaro, con la quale acquistò degli appezzamenti di terreno. Salvatore riuscì a concludere le scuole elementari e poi si dedicò all'agricoltura.

Erano gli anni della seconda guerra mondiale: il regime fascista aveva imposto il razionamento del pane e così il quantitativo di frumento macinato doveva essere ammassato e registrato. Si aprì la strada del contrabbando. I Giuliano avevano costruito un piccolo mulino abusivo dove macinavano di nascosto. Fu così che un giorno di settembre del 1943, mentre Salvatore trasportava assieme all'amico Gaspare Pisciotta due sacchi di farina, si imbatté in una pattuglia di carabinieri. Dallo stesso viottolo sopraggiunsero altri contadini con i muli carichi di frumento. I carabinieri fermarono anche loro. Nella confusione Salvatore Giuliano tentò la fuga, ma venne bloccato da colpi di arma da fuoco che lo ferirono al fianco. Uno dei militari, Giuseppe Mancino, credendolo morto, si avvicinò. Giuliano aveva già in mano la pistola e sparò uccidendo il carabiniere. Assieme al suo amico riuscì a fuggire dandosi alla macchia. Fu così che Salvatore Giuliano divenne un bandito.

Giuliano iniziò ad aggregare attorno alla sua carismatica figura molti *picciotti*, formando la sanguinosa masnada che si macchiò di tantissimi omicidi: circa centocinquanta. La banda presto divenne famosa. I componenti erano come fantasmi: apparivano e scomparivano con assoluta facilità, dimostrando abili doti di orientamento tra i viottoli impervi delle montagne. Non esitarono a uccidere chi li ostacolava, compresi i rappresentanti delle forze dell'ordine. Caddero sotto il fuoco dei banditi parecchi comunisti, ma anche mafiosi di spicco, come Santo Fleres, che temevano di perdere il ruolo principale nel controllo del territorio.

Nel 1945 Giuliano si avvicina al Movimento indipendentista siciliano. Successivamente, influenzato anche da militari americani che gli prospettano una eventuale annessione della Sicilia agli Stati Uniti e quindi la costituzione di un piccolo stato indipendente, entra a far parte dell'Esercito volontario per l'indipendenza siciliana con i gradi di colonnello. Si tratta di un passaggio quasi naturale, poiché il movimento del brigantaggio aveva degli aspetti antiunitari e rivendicava in qualche modo la legittimità del regno delle Due Sicilie, o si spingeva persino oltre, reclamando forme ancora più accese di indipendenza.

In questo periodo, attorno alla figura di Giuliano si crea un alone di leggenda. La sua fama conquista il mondo. Nei segretissimi rifugi ospita una giovane giornalista, con la quale ha una relazione.

C'è chi lo ammira considerandolo un moderno Robin Hood, chi invece lo cerca bollandolo come delinquente. Lo Stato invia vere e proprie pattuglie per catturare il temibile bandito. Si apre una battaglia in campo aperto: a ogni azione di rastrellamento da parte delle forze dell'ordine, corrisponde una rappresaglia degli uomini della banda.

Giuliano si indebolì quando il MIS, ottenendo la garanzia di uno statuto speciale siciliano da parte del re Umberto II, di fatto venne legalizzato: il bandito si dissociò, proseguendo la sua battaglia contro le «ingiustizie dello Stato».

Con la caduta della monarchia cambia il quadro politico nazionale. In Sicilia il movimento contadino si organizza, rivendicando la riforma agraria. Giuliano prende i primi contatti con la mafia. Alle elezioni appoggia il MIS nella persona di Nino Varvaro, siglando anche un patto con il comunista Girolamo Li Causi. A urne aperte non passa inosservato il fatto che Li Causi lo ha ingannato. Per dargli una lezione, progetta il sequestro del politico. Il piano dovrà essere messo in atto in occasione della manifestazione di Portella della Ginestra del Primo maggio. Si apre qui un altro capitolo misterioso.

Corrisponde a verità che Giuliano diede l'ordine ai suoi uomini di sparare in alto sulla folla e che poi i banditi si siano lasciati prendere la mano causando la storica strage? Una cosa è certa: in mezzo a tutta quella gente Li Causi non c'era.

Un'altra ipotesi è invece che Giuliano, in cambio di un salvacondotto per gli Stati Uniti, avesse progettato la strage su mandato americano e di una frangia della Democrazia cristiana per infliggere una sorta di punizione ai contadini dopo la vittoria delle sinistre alle prime elezioni regionali.

Molte risposte sono coperte dal segreto di Stato. Esisterebbe anche un memoriale, ma non si sa se si tratti solo di un'invenzione del bandito. Qui entra in scena una donna, Maddalena Lo Giudice. Potrebbe avere ricevuto da Giuliano, suo amante, preziosi documenti che potevano fare luce sulla strage e su molti segreti della tumultuosa vita di Giuliano. Si parlò anche di un probabile figlio che il bandito avrebbe avuto con la donna, ma non si seppe mai nulla di certo.

Si sa che dopo la strage di Portella il cerchio mortale si strinse attorno a Giuliano. Addirittura anche le forze dell'ordine avrebbero stretto un accordo con la mafia. Uno dei collaboratori chiave per la cattura di Giuliano sarebbe stato nientemeno che Gaspare Pisciotta. Un altro informatore che utilizzò l'ispettore Messana fu Salvatore Ferreri, conosciuto con l'appellativo di "fra Diavolo".

Così, il 5 luglio 1950 viene ucciso il bandito Salvatore Giuliano.

Ma il giallo non si chiude qui. Il suo cadavere venne rivestito, trascinato fuori e armato per simulare un conflitto a fuoco con i carabinieri.

Chi fu l'esecutore materiale? Ecco un brevissimo stralcio del contenuto di un interrogatorio che il colonnello dei carabinieri Antonio Perenze rese al Comitato di indagine sui rapporti tra mafia e fenomeno del banditismo in Sicilia nella seduta del 22 maggio 1969: «Penso che nessuno si facesse illusioni sul fatto di prendere Giuliano vivo. Piuttosto si pensava di farlo espatriare, di farlo allontanare dalla Sicilia, di toglierselo dai piedi in quell'anno. Certo, se fossimo riusciti a prenderlo vivo, noi avremmo risolto tanti e tanti problemi!».

Un rappresentante del comitato chiede al colonnello: «Ma era indispensabile farlo uccidere da Pisciotta?»

«Ma no, indubbiamente no!».

Era di Salvatore Giuliano quel corpo riverso a terra che tutti i giornali riportarono in prima pagina?

Pisciotta poteva sapere qualcosa, ma morì avvelenato in carcere.

Un delitto rimasto impunito: l'omicidio Carnevale

Iniziava da poco ad albeggiare, e Carnevale stava percorrendo una mulattiera nella contrada Cozze Secche per raggiungere il posto di lavoro, una cava di pietre. I killer lo aspettavano a ridosso della strada per freddarlo a colpi di fucile caricato a lupara.

Quale fu il movente di questo omicidio, avvenuto nel 1955?

Salvatore Carnevale aveva difeso a spada tratta i diritti dei braccianti agricoli e aveva fondato a Sciara la prima sezione del Partito socialista italiano. Aveva dato un assetto organizzativo alla camera del lavoro con un'impronta partecipativa e di pieno appoggio alle proteste contadine. Carnevale era dunque un uomo che combatteva in prima linea. La mafia lo avrebbe fatto fuori perché dava troppo fastidio e la sua figura era diventata molto popolare tra i braccianti.

Il processo si celebrò, cinque anni dopo l'omicidio, in Campania, a Capua Vetere. Vennero condannati all'ergastolo Antonio Mangiafridda, Giorgio Panzeca, Luigi Tardibuono, l'amministratore del feudo della principessa di Villanova e Antonia Notarbartolo. La sentenza venne però ribaltata in appello e gli imputati vennero assolti definitivamente in Cassazione. Dunque l'omicidio rimase impunito. Nel collegio di difesa tra gli avvocati compariva anche Giovanni Leone, futuro Presidente della Repubblica.

Attorno all'omicidio di Salvatore Carnevale, la criminalità creò un clima di terrore, con gesti anche plateali: dopo avere rubato le galline di alcuni contadini, le aveva spennate e ne aveva fatto un banchetto, spargendone le piume per le strade. Un'azione di tracotanza a cui erano seguite minacce alla gente di Sciara, perché si astenesse dal partecipare al funerale che si celebrò il 17 maggio. Il corteo era affollato, ma mancavano le autorità. In particolare, si fece notare l'assenza del sindaco. Una figura positiva in questa brutta storia fu quella della madre della vittima, Francesca Serio, la quale rispose alle intimidazioni con un gesto estremo e coraggioso: adagiò sulla cassa che conteneva le spoglie del figlio una bandiera rossa gridando: «Per questa bandiera il mio povero figlio è morto e con questa bandiera deve andarsene!». La reazione della signora Francesca Serio passò alla storia: fu la prima donna a ribellarsi alla prepotenza della mafia. Non smise mai di chiedere giustizia per l'assassinio del figlio e di accusare quelli che considerava i colpevoli.

Quasi tutta la stampa minimizzò l'omicidio, non considerandolo politico e dedicandovi poche righe. Non mancò però la reazione dei vertici regionali del PSI, guidati dal segretario Raniero Panzieri. Venne organizzata una grande manifestazione nazionale a Sciara. Si era in piena campagna elettorale e arrivò per l'occasione Sandro Pertini, eroe antifascista e deputato al Parlamento. Fu proprio il futuro Presidente della Repubblica ad accompagnare in tribunale Francesca Serio, la madre di Salvatore Carnevale. Pertini rimase in Sicilia circa una settimana, fino alla sera del 23 maggio, per concludere la manifestazione a Sciara, alla quale parteciparono migliaia di persone. Questa volta nessuno ebbe paura della mafia.

Al tramonto il lunghissimo corteo, guidato da Sandro Pertini e Panzieri, seguì la strada tortuosa che Salvatore Carnevale percorreva ogni giorno per recarsi al lavoro. Chiudeva il corteo la signora Serio, che procedeva con passo mesto e lento. Giunti nel luogo del delitto, a rompere il silenzio fu proprio la madre: invocò a gran voce il figlio, e maledicendo i mafiosi non risparmiò invettive nei loro confronti. Poi fu deposto un drappo rosso su un ceppo: un atto simbolico per dire che nessuno temeva più la mafia. Al ritorno, davanti al palazzo municipale si tenne il discorso delle autorità del partito. Assieme a Pertini e Panzieri c'erano anche Pio La Torre ed Emanuele Macaluso per la CGIL, e Pompeo Colajanni per il PCI.

La storia di Salvatore Carnevale è stata raccontata in vari modi: nella letteratura, nella pittura, a teatro e in una poesia di Ignazio Buttitta, *U lamentu pi la morti di Turiddu Carnivali*, che poi è stata anche musicata e rappresentata dai cantastorie. L'impegno politico e sindacale di Salvatore Carnevale era iniziato nel 1951 con la fondazione del PSI a Sciara ed era proseguita con varie manifestazioni e occupazioni delle terre della principessa Notabartolo. Arrestato nell'ottobre del 1951, uscito dal carcere emigrò in Toscana, dove assorbì la radicata cultura dei diritti dei lavoratori. Volle trasferire questa esperienza in Sicilia, dove rientrò nel 1954, diresse la camera del lavoro di Sciara e fu nominato segretario della lega dei lavoratori edili. Un anno dopo, a trentuno anni, l'assassinio.

Ancora oggi il delitto rimane impunito.

I frati di Mazzarino: vittime o carnefici?

Non chiedevano elemosine, ma il pizzo. È l'incredibile storia dei frati di Mazzarino.

Sul finire degli anni Cinquanta il monastero francescano è stato teatro di estorsioni, ricatti e violenze. I protagonisti di queste vicende, che sfiorano l'inverosimile, sono stati quattro barbuti frati accusati di estorsione continuata, concorso in omicidio, violenza e simulazione di reato. Una storia fatta di vicende che si intrecciano come in un appassionante thriller e che ancora oggi divide gli abitanti del paese nisseno. I protagonisti sono stati: Ugo Bonvissuto, Liborio Marotta, Antonio Jaluna e Luigi Galizia di ottantatré anni. Da frati erano conosciuti rispettivamente con i nomi Vittorio, Venanzio, Agrippino e Carmelo.

Tutto iniziò la sera del 5 novembre 1956. Il convento, che sorge a strapiombo su un uliveto e confina con il cimitero, era attraversato dalla nebbia e da sferzate di vento freddo, quando due colpi di schioppettate squarciarono l'aria. Le fucilate furono sparate contro la cella di frate Agrippino. Sulla parete i pallettoni conficcati erano la prova che qualcuno voleva intimidirlo.

Chi fu a sparare?

Oltre ai prelati, frequentava regolarmente il monastero il giardiniere Carmelo Lo Bartolo. È lui la figura centrale di quello che divenne un intricato giallo. Da quel giorno non ci fu più pace né per il monastero, né per gli abitanti di Mazzarino. Sul paese calò il terrore, con un susseguirsi di intimidazioni, incendi dolosi, ricatti e omicidi.

Nel maggio dello stesso anno, mentre viaggiava a bordo della FIAT 600 assieme alla moglie e al figlio, il cavaliere Angelo Cannata, ricco proprietario terriero, venne bloccato e ucciso a colpi di lupara da uomini incappucciati. Il pover'uomo aveva accettato di pagare il pizzo, ma aveva offerto una somma giudicata esigua dai malviventi. Venne appiccato il fuoco nella farmacia del dottore Enrico Colajanni, scomparirono nel nulla greggi e mandrie del barone Alù e altri allevatori della zona subirono gravi danni. I proprietari terrieri di Mazarino non vivevano più serenamente perché ricevevano continuamente lettere di minaccia a scopo di estorsione.

Qualche tempo dopo una guardia municipale, che si era interessata al caso prestando particolare attenzione alla figura del giardiniere, venne gambizzata in piazza. Questo episodio sfociò nell'arresto di Girolamo Azzolina, Giuseppe Salemi e Filippo Nicoletti. Era stata incastrata la cosiddetta "banda dei laici", manovrata dal giardiniere Carmelo Lo Bartolo che intanto si era rifugiato a Genova. Quest'ultimo verrà intercettato e condannato, con pesanti accuse, a trent'anni di reclusione. Si suiciderà nel carcere di Caltanissetta portando con sé preziose verità.

Ma quale fu il ruolo dei frati in questa vicenda?

All'inizio si pensò che i cappuccini fossero le vittime, indotte a pagare dietro pressanti minacce anche da parte del giardiniere. L'operaio affermò di essere solo un tramite di persone senza scrupoli e di essere stato a sua volta minacciato di morte.

In seguito l'inchiesta prenderà una clamorosa svolta. Vennero raccolte prove che incastrarono frate Carmelo: riscuoteva denaro dal farmacista Colajanni e dal cavaliere Cannata.

A chiarire tutto, almeno giuridicamente, sarà una lunga vicenda giudiziaria, infarcita di polemiche anche politiche. In difesa dei cappuccini si impegnarono gli avvocati cattolici Francesco Carmelutti e Giuseppe Alessi, primo presidente della Regione Sicilia. Dalla parte dell'accusa si schierarono invece avvocati di sinistra, come il socialista Antonino Sorgi.

Il processo di primo grado si celebrò presso il Tribunale di Messina. Gli imputati ne uscirono assolti, in quanto venne accolta la tesi dello "stato di necessità". La sentenza di primo grado venne capovolta a Perugia, dove la Corte d'Appello si pronunciò per la condanna. Alla fine dell'iter, in Cassazione la pena inflitta ai frati fu di otto anni con l'esclusione dell'associazione per delinquere. Gli imputati laici ricevettero condanne più pesanti, dai dodici ai ventidue anni di carcere.

Mazzarino fu sotto i riflettori della stampa nazionale. Quotidiani e periodici dell'epoca dedicarono pagine intere alle vicende che coinvolsero i prelati.

Rimase un atroce dubbio: fra Vittorio, fra Venanzio, fra Agrippino e fra Carmelo sono stati vittime o carnefici? Tutti i monaci sono ormai deceduti, portandosi nella tomba il segreto di un giallo mai chiarito.

Al di fuori delle aule del tribunale sono stati animatamente difesi dall'ultimo cappuccino che fu inviato al monastero nel febbraio del 1960 per sostituire i confratelli finiti in carcere, padre Deodato Cannarozzo. Dichiarò che i cappuccini erano stati costretti ad agire a seguito di minacce che mettevano a rischio tutti i seminaristi. Questo particolare avrebbe convinto padre Venanzio a rivolgersi alle famiglie Cannata e Colajanni per riscuotere denaro. Secondo padre Deodato, se padre Venanzio non avesse agito così, i malviventi avrebbero bruciato anche l'altare maggiore della chiesa. In particolare i cappuccini sarebbero stati ricattati dal giardiniere, il quale faceva da tramite tra i presunti criminali e il convento.

Fermamente convinto dell'innocenza dei confratelli, padre Deodato dichiarò: «Io li canonizzerei e li metterei sull'altare. Sono veramente dei santi, come Gesù Cristo che da innocente ha pagato».

Ancora oggi Mazzarino continua a essere diviso sulla nota vicenda dei frati cappuccini.

La scomparsa di un uomo che sapeva troppo

Nel 1970 per alcuni mesi si vide un uomo aggirarsi nei pressi del palazzo di giustizia di Palermo chiedendo l'elemosina. Sembrava un vagabondo, ma il giudice Cesare Terranova, capo dell'Ufficio Istruzione del Tribunale, lo conosceva molto bene. Era Simone Mansueto, un uomo che aveva frequentato gli ambienti mafiosi senza però avere mai ricoperto un ruolo importante. Un giorno sparì dalla zona del palazzo di giustizia e di lui non si seppe più nulla.

Andiamo indietro nel tempo di un bel po' di anni.

È il 19 gennaio 1961. È una giornata molto fredda, e su monte Billiemi c'è una spruzzata di nevischio. In una borgata di Palermo, un ragazzo di tredici anni prende a calci una vecchia latta arrugginita. Gli si avvicinano due uomini, uno dei quali lo chiama: «Paolino Riccobono!...». Il ragazzo si gira e vede un fucile puntato su di lui. Partono due colpi in rapida successione che lo raggiungono al petto. Ha le gambe buone il ragazzo e tenta di scappare, ma lo squarcio provocatogli dai proiettili gli toglie il respiro. Altre due fucilate alle spalle lo finiscono. Paolino Riccobono era l'anello mancante di una sanguinosa vendetta che si doveva completare.

Suo padre era stato ucciso nel novembre del 1957, suo fratello Giuseppe era stato prima sequestrato e poi assassinato nel 1960. Un altro fratello, Natale, venne eliminato a metà degli anni Settanta, poco dopo la scarcerazione. Uno sterminio, frutto della faida che andava avanti da decenni tra le famiglie mafiose di Tommaso Natale e di Cardillo. Una vera e propria guerra che aveva mietuto vittime senza alcuna distinzione: anche i ragazzi non erano al riparo dalla sete di vendetta.

L'uccisione di Paolino aveva destato particolare sgomento tra i paesani. In particolare, Simone Mansueto, pur essendo estraneo al delitto, non ci dormiva sopra. Dopo giorni di titubanza, si recò dalla polizia dichiarando di conoscere i nomi degli assassini. Non l'avesse mai fatto: venne insultato, vituperato, fatto oggetto di scherno, emarginato persino dalla famiglia che non esitò a definirlo pazzo.

Per l'uccisione di Paolino venne condannato a trent'anni di reclusione Giovanni Chifari, soprannominato *crozza munnata*, ossia cranio spoglio.

Chi erano stati i mandanti? E soprattutto, che fine ha fatto Simone Mansueto, che pare fosse a conoscenza di alcuni particolari dell'omicidio?

Il giudice Cesare Terranova, che aveva raccolto la sua testimonianza, era uno dei pochi che non lo considerava uno squilibrato e aveva creduto alla sua versione.

Terranova era stato procuratore d'accusa nel processo contro la mafia corleonese tenutosi nel 1969 a Bari, e si distinse per avere condannato all'ergastolo nel 1974 Luciano Liggio. Nel settembre di cinque anni dopo fu assassinato.

Il signore delle caverne

Nell'agro che circonda Sciacca si può scoprire il giardino incantato di Filippo Bentivegna. Siamo sulle colline di San Calogero, a est del centro urbano di Sciacca. Qui il visitatore si imbatterà in sculture molto strane. Sono delle teste modellate nella roccia dall'artista contadino Bentivegna, soprannominato "Filippo delle teste".

L'uomo dedicò oltre mezzo secolo a queste strambe sculture, che scolpì ininterrottamente sino al 1967, anno della sua morte. Sono oltre tremila le teste che affiorano qua e là nella roccia, e hanno dato origine a un mistero che si è trasformato in leggenda.

Sui giornali si è parlato molto di Filippo Bentivegna e di questo suo particolare hobby. Alcune sue opere sono addirittura entrate a fare parte di un museo, la Collection de L'Art Brut di Losanna. Quanto valgano dal punto di vista artistico non si sa, ma non c'è dubbio che si tratta di sculture affascinanti e cariche di mistero.

Perché l'artista si accanì così tanto nel modellare soltanto teste? Pare che questa stranezza sia derivata da un episodio che lo segnò per tutta l'esistenza. Nel periodo in cui si trovava negli Stati Uniti, dove era emigrato in cerca di lavoro, fu protagonista di una colluttazione, nel corso della quale venne colpito violentemente al capo. Fu allora che nacque questa sua ossessione?

Nessuno ha saputo dare una risposta. A molte sculture l'autore diede un nome proprio, spesso identificandole con personaggi del luogo o personaggi storici come Mussolini, Garibaldi, Napoleone. Ma a catturare l'attenzione del visitatore è il fatto che le teste siano incastonate in una costruzione di forma piramidale che nell'insieme ricorda lo stile di Gaudì.

Qual è stato il significato che l'autore attribuiva alle proprie opere? Non diede mai una risposta ai curiosi che gli ponevano la domanda. Secondo alcuni si trattava di pura schizofrenia, che però non fu mai confermata da nessun medico.

Sulla biografia del Bentivegna ci sono pochi dati: figlio di un marinaio, nasce a Sciacca nel 1888. A quindici anni emigra negli Stati Uniti raggiungendo a Boston i suoi fratelli. Lavora in un cantiere alla costruzione di una linea ferroviaria. Si invaghisce di una ragazza americana e rimane coinvolto in una lite con un rivale di colore. Subisce un colpo alla testa. L'amore finisce e il trauma gli procura un'alterazione del carattere. Subito dopo questo episodio viene fatto rimpatriare. A Sciacca riesce a ottenere un modesto sussidio di invalido civile. Con i soldi che ha guadagnato in America acquista un pezzo di terra e una casa. È in questo luogo che inizia a scavare per ottenere materiale lapideo che utilizzerà per le sculture. Si isola dedicandosi esclusivamente alla sua attività di scultore di teste. Solo raramente accoglie qualche visitatore, a meno che non sia un familiare.

Testimoni lo ricordano girare per le vie di Sciacca con uno scalpello, il simbolo della sua attività. Si faceva chiamare Signore delle Caverne. Morì all'età di settantotto anni, portandosi nella tomba il mistero delle sue opere originali ma inquietanti.

Il giardino, dopo un lungo periodo di abbandono, è stato affidato a un'associazione che lo cura e lo rende fruibile ai visitatori.

Il terremoto del Belice e il mistero della mancata ricostruzione

Il terremoto della valle del Belice del 1968 fu la prima catastrofe nazionale del dopoguerra.

Il 14 gennaio 1968 la Sicilia occidentale fu colpita da movimenti tellurici che coinvolsero più di un milione di persone, in un'area di circa cinquemila chilometri quadrati nelle province di Trapani, Palermo e Agrigento. L'epicentro fu individuato nel basso bacino del Belice.

Con il cumulo di morti e macerie lasciate dal sisma, il Belice rimane nella storia la metafora dell'inefficienza politica. Un terremoto dimenticato, nonostante ci siano stati uomini che hanno fatto di tutto per accelerare la ricostruzione. E invece ci fu una serie di inspiegabili ritardi. Causati da che cosa? Interesse della mafia per accaparrarsi le opere pubbliche? Errori? Improvvisazione?

Leonardo Sciascia si commosse per l'impegno dei terremotati, ma sottolineò con amarezza la sordità dello Stato. I residenti, persa ogni speranza, si sparpagliarono in continenti diversi. Molti partirono per il Nord, con un biglietto di sola andata. Fu un esodo terrificante che lasciò veri e propri paesi fantasma.

Il 14 gennaio è una domenica come tante altre: quasi tutte le famiglie sono riunite per pranzare, in qualche casa si sente odore d'arrosto e non mancano i pasticcini. Alle 13.29, il tintinnio dei bicchieri, i lampadari che oscillano: è il primo movimento della terra. Molti non conoscono la parola "sisma", alcuni non ci fanno caso, altri incuriositi telefonano ai parenti. Non c'è allarme. La sera i giornali regionali vi dedicano soltanto un breve annuncio, e l'edizione del lunedì sarà concentrata sullo sport: *Il brutto pareggio del Palermo*. Nessuno si aspettava una notte di terrore. Alle 2.35 la prima scossa violentissima, e circa mezz'ora dopo una seconda di più lunga durata, catastrofica. Se a Palermo i cittadini sono tutti fuori dalle proprie case, a una settantina di chilometri centinaia di persone sono rimaste sotto le macerie.

È la valle del Belice l'epicentro dell'inferno.

L'indomani le immagini realizzate dall'alto mostreranno un'impressionante distesa di rovine. Viene diffuso un bollettino drammatico, spaventoso: Montevago, Poggioreale, Salaparuta, Gibellina distrutte al 100 percento, Santa Ninfa al 50 percento, Partanna al 40 percento, Salemi e Vita al 30 percento. Danni minori subiscono i comuni di Sciacca, Menfi, Camporeale, Calatafimi, Santa Margherita Belice, Chiusa Sclafani, Contessa Entellina, Sambuca di Sicilia. Le vittime sono trecentosettanta, un migliaio i feriti, e oltre settantamila le persone senza più casa.

Ma all'amara realtà di un'area geografica povera e arretrata e ora ferita dal terremoto si contrappone uno Stato che non riesce a organizzare adeguatamente i soccorsi. Nello stesso anno venne approvata la legge per la ricostruzione e lo sviluppo della valle del Belice, ma i soldi arrivavano con il contagocce. Si disse che il Belice inghiottiva i miliardi, ma dal profondo Sud rispondevano che era una grande bugia: i soldi venivano messi in bilancio ma non venivano spesi.

Qual è la verità? In questo contesto la mafia fece affari? Perché non è stato preso in considerazione il piano dell'architetto Zeri, peraltro discusso con le popolazioni colpite dal terremoto, che prevedeva la costruzione di una città-territorio (vari agglomerati autonomi collegati tra loro) e che rappresentava una novità assoluta, soprattutto in Sicilia?

Nella primavera successiva, dopo un inverno terribile per le famiglie che non avevano più una casa, millecinquecento persone si recarono a Roma per protestare contro il Parlamento. Da piazza Montecitorio si sollevò un coro: «Moro, dài i soldi ai Siciliani!». Erano gli studenti d'architettura. Era il 1968.

Nel 1970 si sparse nell'etere a onde medie una denuncia: «Si sta compiendo un delitto di enorme gravità, si sta spegnendo un'intera popolazione. L'Italia, il settimo paese industriale del mondo, non è capace di garantire un tetto solido e dare una possibilità di vita a una parte del proprio popolo. Non si vive solo di baracche». Era la voce di Danilo Dolci, il sociologo venuto dal Nord, diffusa dalla prima radio clandestina italiana, Radio Libera. L'emittente stabilì un record di brevità: dopo solo ventisette ore di trasmissione, venne chiusa.

I terremotati – così continuavano a chiamarli – rimasero nelle baracche per dodici anni. Si scoprirà in seguito che per l'impianto dei prefabbricati era stata spesa una cifra pari a quella che si sarebbe potuta spendere per la realizzazione delle case. Come mai non fosse stato realizzato un piano razionale rimane un mistero. Come spesso accade in tutte le tragedie, c'è chi ne ha tratto benefici. Le proteste non mancarono. Nacque un comitato di giovani che lanciò una precisa proposta: «Non è stata rispettata la legge e a un Governo fuori legge non si pagano le tasse». Gli stessi giovani si rifiutavano di assolvere agli obblighi militari, proponendo in alternativa un servizio civile. Che era ben poca cosa rispetto alla ricostruzione e agli aiuti di cui necessitava una popolazione in ginocchio.

La *Natività* smarrita di Caravaggio

La *Natività* di Caravaggio si trova davvero in una delle stanze di rappresentanza dei vertici di Cosa nostra? Oppure è stata distrutta?

Lo storico dell'arte Giuseppe Bellafiore (scomparso all'età di novantuno anni, nel luglio del 2012) rispondeva con un ghigno: «I mafiosi? Criminali sì, ma fessi no! Se ce l'hanno loro non l'hanno distrutta. Verrà fuori prima o poi!».

Nella notte tra il 16 e il 17 ottobre 1969, dall'oratorio di San Lorenzo a Palermo scomparve la *Natività* di Caravaggio, trafugata da ignoti che si erano introdotti, con estrema facilità, all'interno dell'edificio. Da allora se ne sono perse le tracce. L'opera, il cui valore di mercato si aggirerebbe intorno ai trentacinque milioni di euro, è oggi nella lista dei dieci capolavori più ricercati dalle polizie di tutto il mondo.

Solo nel 1980 il giornalista inglese Peter Watson ne diede notizia. Affermò di essere riuscito a fissare un appuntamento la sera del 23 novembre con i presunti ricettatori del dipinto. Il luogo dell'incontro fu fissato a Lariano, sui colli Albani. Ma non avvenne, poiché coincise con il terribile terremoto che colpì l'Irpinia, la Campania centrale e la Basilicata.

Come mai un quadro così importante non era protetto? A questo proposito si sono accese aspre polemiche, ma non sono certo servite a ritrovare l'ultimo capolavoro caravaggesco dipinto in Sicilia. Nel corso delle indagini, a seguito di una soffiata si scoprì che l'opera, dopo diversi falliti tentativi di vendita, sarebbe stata chiusa in una cassa e seppellita nelle campagne di Palermo. Ma quando i poliziotti arrivarono nel punto indicato, non trovarono nulla se non la buca. Nel 1992, il pentito di mafia Giovanni Brusca dichiarò di avere cercato in tutti i modi di barattare con lo Stato la restituzione della *Natività* in cambio di un alleggerimento del regime del carcere duro, ma il suo tentativo era fallito.

Successivamente il pentito Salvatore Cancemi rivelò che la preziosa tela era conservata in un bunker della mafia, esibita come simbolo di potere. Se ne riparlerà nel 1996: il pentito di mafia Francesco Marino Mannoia al processo della Corte d'Assise di Palermo confessò, tra un omicidio e l'altro, di essere stato uno degli autori del furto del secolo. Lui stesso avrebbe materialmente rimosso la tela con una lametta da barba e l'avrebbe arrotolata per trasportarla. Questa operazione, sempre secondo le dichiarazioni di Mannoia, avrebbero danneggiato l'opera e l'ignoto committente si sarebbe rifiutato di comprarla. Per sbarazzarsi del capolavoro, Mannoia l'avrebbe addirittura buttato o nascosto.

Molti non credono a questa versione e sostengono che l'opera si trovi in un salone adibito alle riunioni importanti della mafia. Gli inquirenti però sospettano che il pentito possa essersi confuso con il furto, commesso nello stesso periodo, di un altro dipinto firmato da Vincenzo da Pavia in una chiesa vicina all'oratorio.

Nel 2009 ritorna la vecchia versione dei fatti. Secondo un nuovo pentito di mafia, Gaspare Spatuzza, negli anni Ottanta il quadro, nascosto in una stalla e mangiucchiato dai topi, sarebbe stato bruciato.

Certo è che con il furto del Caravaggio un pezzo di storia siciliana veniva cancellato del tutto. Nell'autunno del 1608 Michelangelo Merisi era evaso dal carcere di Malta, inseguito da una condanna a morte, e aveva trovato riparo in Sicilia. Qui lo aveva accolto l'amico pittore siracusano Mario Minniti. Essendo disoccupato, il senato della città gli commissionò, pare su raccomandazione del Minniti, un'opera. A quel tempo il Caravaggio era già considerato in Italia il "primo dipintore". Perciò i senatori di Siracusa non ebbero dubbi nell'affidargli la realizzazione di un'importante opera: una grande tela del *Seppellimento di Santa Lucia*.

L'autore dipinse il cadavere della martire disteso a terra. Nel quadro si notano il vescovo e due operai che scavano la fossa per seppellirla. È la prima opera siciliana del Caravaggio eseguita durante il breve soggiorno a Siracusa. Un anno dopo il maestro lavorò per l'oratorio di San Lorenzo a Palermo: dipinse una tela sulla natività con i santi Lorenzo e Francesco. Questa sarà l'ultima sua opera realizzata in Sicilia. Subito dopo l'artista partirà per Napoli, e nel luglio dell'anno seguente morirà sulla spiaggia della Feniglia, in Maremma.

La sua *Natività* rimase nell'oratorio palermitano per trecentosessant'anni, fino a quando, una notte d'autunno, non fu portata via.

Lo scienziato che voleva sconfiggere la fame nel mondo

Giacomo Albo possedeva la chiave per sconfiggere la fame nel mondo. Grazie ai suoi studi era riuscito a selezionare un grano miracoloso: da una manciata di chicchi sarebbe stato possibile ricavare quintali di grano. Aveva chiesto sostegni finanziari per portare a termine quella che poteva definirsi la scoperta del secolo nel settore dell'agricoltura, ma le istituzioni non lo incoraggiarono.

Come mai venne boicottato? Perché non riuscì a concretizzare il suo rivoluzionario progetto, che avrebbe potuto capovolgere la grave realtà economica siciliana?

Per i suoi esperimenti botanici, Giacomo Albo subì diverse minacce.

Si trattava solo di ritorsioni politiche, visto che era di idee marcatamente socialiste? Oppure c'era dietro qualcos'altro, considerato che gli studi scientifici di Albo, portando a considerevoli abbassamenti del prezzo del grano, andavano a rompere alcuni monopoli?

Nato nel marzo del 1872 in provincia di Cosenza, a diciotto anni Giacomo Albo si trasferì in Sicilia per seguire i corsi di scienze naturali presso l'università di Palermo, dove si laureò nel 1894. Quattro anni dopo conseguì una seconda laurea in chimica. Nel 1902 si trasferì a Modica, dove insegnò scienze nel Regio Liceo.

Albo studiò e classificò nell'orto di casa centinaia di specie e viaggiò, spesso sul dorso di un mulo, per compiere ricerche sul campo. Conosceva i segreti di ogni specie vegetale. In particolare si dedicò agli studi della flora di Pachino, dell'area di Donnalucata, dell'isola di Linosa, di Capo Passero. Con pochi mezzi riuscì a classificare le specie, focalizzando l'attenzione sulle piante vascolari, dotate di un sistema di vasi per il trasporto dell'acqua e dei sali minerali che le rende adatte agli ambienti aridi. Ottenne, senza alcuna manipolazione genetica, il fico d'India privo di spine. Fu il primo a riuscire a coltivare in Sicilia piante esotiche, eseguì importanti ricerche sulla nicotina con approfonditi studi di chimica, studiò il carrubo scoprendone il fiore ermafrodito e lo salvò dall'estinzione. Fu il precursore della coltivazione biologica e della tesi della biodiversità. Si oppose con fermezza all'uso dei fertilizzanti chimici.

Oltre a essere uno scienziato, Giacomo Albo fu anche un intellettuale antifascista. Aderì alla corrente di Turati e nel 1924 si candidò nella lista del PSU. Per questa ragione venne convocato dal prefetto di Siracusa, che gli consigliò di ritirare la candidatura. Rifiutò. Ricevette una lettera firmata da Benito Mussolini che lo invitava a cambiare partito. Ma anche allora rimase fermo sulle proprie idee, e per questo venne destituito dall'insegnamento e allontanato dall'università per motivi politici, subendo le persecuzioni del fascismo.

Nel 1938 fu costretto ad andare in pensione e si ritirò a Modica, dove si dedicò totalmente alle ricerche botaniche e di genetica. Solo nel 1943 ritornò in politica. Gli Alleati infatti lo designarono commissario, ritenendolo la persona più adatta a guidare la città di Modica nella ripresa della vita democratica ed economica. Morì quasi centenario nel 1969.

L'allora presidente della Repubblica, Giuseppe Saragat, così lo ricordò: «Un democratico e uno studioso, limpido esempio di dirittura morale e umana». Rimane un mistero come mai le sue idee avveniristiche nel campo dell'agricoltura non furono mai sviluppate.

A centoquarant'anni dalla nascita, Modica, su iniziativa della scuola a lui intitolata, ha ricordato la figura del professore Giacomo Albo. In una mostra è stata messa in evidenza la vasta opera di ricerca, pressoché sconosciuta, che comprendeva anche una nutrita documentazione riguardante gli studi compiuti dall'illustre cittadino. Tra gli oggetti esposti anche semi, piante rare e curiosità botaniche che furono oggetto della sua ricerca.

Il sequestro De Mauro

C'è un caldo afoso a Palermo la sera del 16 settembre 1970. L'estate non ha fretta di andarsene, e molte persone sono fuori a rinfrescarsi con granite e acqua e *zammù*.

Sono passate da poco le 20.30, e il giornalista Mauro De Mauro saluta i colleghi della redazione sportiva del quotidiano serale «L'Ora». Solitamente si attarda a parlare con i tipografi – qualche battuta sul calcio, qualche pettegolezzo –, ma quella sera va di fretta poiché a casa lo attende un invitato a cena, Salvatore, il fidanzato della figlia Franca. È già tutto pronto per il loro matrimonio fissato per il 19 settembre.

De Mauro si sposta con la BMW. Passa dalla farmacia e dal bar Spatola, dove compra le sigarette, un fernet e un buon vino. Quando raggiunge casa, in via delle Magnolie, sono circa le 21. La figlia e il futuro genero lo hanno anticipato di qualche secondo. Si accorgono che sta parcheggiando e lo attendono nell'androne, davanti all'ascensore. Passano i minuti ma De Mauro non arriva, così Franca torna indietro. Uscendo sente che qualcuno si rivolge al padre dicendogli: «*Amuninni*». Poi vede il giornalista salire in macchina in compagnia di tre persone. La figlia non si rende conto che sta succedendo qualcosa di grave: dopotutto suo padre si è allontanato con la propria auto. Sale le scale di casa e aspetta che lui la raggiunga. Sarà l'ultima volta che lo vede.

È il sequestro più misterioso della Sicilia.

Il corpo di Mauro De Mauro non verrà mai ritrovato, anche se molti pentiti hanno affermato che è stato impastato con il cemento e murato nei piloni dell'autostrada Palermo-Mazara del Vallo in costruzione in quegli anni. Altri dicono che è stato sciolto nell'acido.

Molto vicino alla famiglia De Mauro fu lo scrittore Leonardo Sciascia, il quale tentò di capire la verità e fin dall'inizio considerò attendibile la pista investigativa legata al caso Mattei. Lo stesso Sciascia dichiarò che il giornalista non era stato prudente nel dire che aveva tra le mani una notizia bomba.

Le indagini furono seguite sia dai carabinieri, che privilegiavano la pista puramente mafiosa, legata a un traffico internazionale di droga, sia dalla polizia, che ritenne piuttosto che il sequestro fosse collegato alle ricerche compiute dal giornalista sul caso Mattei. Se ne era occupato molti anni prima e ora raccoglieva e perfezionava dettagli per conto del regista Francesco Rosi, che aveva in preparazione il film *Il caso Mattei* con Gian Maria Volonté.

Ancora oggi le indagini non hanno fatto chiarezza sulla vicenda.

Nel dicembre del 2011 è stato chiamato a deporre, come persona informata dei fatti, il senatore Marcello Dell'Utri. Gli inquirenti hanno voluto verificare se esista qualche collegamento del caso De Mauro con omicidi di personaggi molto noti, e in particolare con quello di Enrico Mattei (l'aereo sul quale viaggiava era decollato da Catania il 27 ottobre 1962 ed era precipitato a causa di un'esplosione nelle campagne di Bascapè, presso Pavia) e dello scrittore e regista Pier Paolo Pasolini (finito a bastonate e travolto dalla sua stessa auto a Ostia nella notte tra il 1° e il 2 novembre 1975).

Perché la testimonianza di Dell'Utri? Perché, secondo i PM Ingroia e Demontis, sarebbe stato uno dei pochi ad avere letto la sintesi del capitolo mancante del romanzo incompiuto di Pasolini, *Petrolio*, che conterrebbe passi interessanti sull'omicidio De Mauro e sulla morte di Mattei.

Trentasei anni dopo sul caso De Mauro vennero aperte indagini più dettagliate, che portarono a un nuovo processo che aveva come unico imputato Totò Riina. Nel giugno del 2011 i giudici della Corte d'Assise di Palermo, dopo dieci ore di camera di consiglio, lo assolsero dall'accusa di essere il mandante dell'omicidio, ritenendo insufficienti le prove a suo carico. I pubblici ministeri Antonio Ingroia e Sergio De Montis avevano invece chiesto il carcere a vita per il boss mafioso, in prigione dal 1993, già condannato a una serie di ergastoli.

Intorno al giallo De Mauro si sono concentrati negli anni molti sospetti di depistaggi e di coinvolgimento dei servizi segreti. Mai però si è arrivati a una conclusione soddisfacente.

Poco prima della sua scomparsa, De Mauro aveva parlato al telefono con un collega, Vincenzo Galluzzo, al quale aveva confidato che era in possesso di materiale importante riguardo a un'inchiesta di cui si stava occupando, ma non aveva voluto specificare di che cosa si trattasse.

Le indagini dei carabinieri e della polizia iniziarono a concentrarsi sulle verità scomode che il giornalista avrebbe potuto scoprire. Le piste che emersero nel tempo furono sostanzialmente tre: De Mauro avrebbe potuto ottenere qualche nuova rivelazione sul caso Mattei. Sarebbe stato in possesso, infatti, di un nastro magnetico contenente registrazioni di alcune fasi della manifestazione cui Enrico Mattei aveva partecipato a Gagliano il giorno prima della sua morte. La cassetta non è stata mai ritrovata. O ancora: il giornalista avrebbe potuto essere a conoscenza di alcuni fatti sul futuro golpe Borghese, il fallito colpo di Stato del dicembre 1970. Infine, come avevano rivelato alcuni pentiti tra cui Tommaso Buscetta, il sequestro potrebbe essere stato deciso dalla mafia a causa delle sue inchieste giornalistiche sulla criminalità organizzata.

Non si può escludere del tutto, comunque, che ci sia stata una sorta di accordo tra varie organizzazioni criminali – e forse anche tra queste e gangli deviati dello Stato – per l'eliminazione di un giornalista che «ficcava il naso ovunque».

Dalle dichiarazioni di alcuni pentiti di mafia (Tommaso Buscetta, Francesco Di Carlo e Nino Calderone) il giornalista sarebbe stato prelevato a casa da Mimmo Teresi, Emanuele D'Agostino e Stefano Giaconia. Non si sarebbe trattato di un vero rapimento: De Mauro li avrebbe seguiti di sua spontanea volontà. Si fidò di loro, forse anche perché sperava di avere alcune utili informazioni. Non immaginò che sarebbero stati i suoi carnefici.

Tutti e tre vennero uccisi nella sanguinosa guerra di mafia avvenuta tra la fine degli anni Settanta e l'inizio degli anni Ottanta, prima che fosse istruito il processo. Stefano Giaconia fu ucciso nel 1976 per volere del boss Riccobono, nei cui confronti aveva messo in giro la voce che era uno "sbirro". Poi fu la volta di Mimmo Teresi, cognato del boss Stefano Bontade, che fu vittima della lupara bianca nel 1981; infine venne strangolato Emanuele D'Agostino perché rifiutò, nella seconda guerra di mafia, di allearsi con i corleonesi.

Una sciagura aerea dimenticata

La sera del 5 maggio 1972, l'Italia fu scossa dal più grave incidente aereo della sua aviazione civile.

Un DC-8, AZ 112 della compagnia di bandiera, proveniente da Roma e diretto a Palermo, si schiantò contro il crinale di montagna Longa, un costone roccioso che si staglia poche miglia a sud dell'aeroporto di Punta Raisi, oggi Falcone e Borsellino. A bordo viaggiavano centoquindici persone, compresi i sette membri dell'equipaggio. Nessun superstite.

Era un venerdì sera, le condizioni meteorologiche erano ottime e i seggi elettorali erano quasi pronti per le consultazioni politiche che si dovevano svolgere la domenica successiva. Dai paesi vicini all'aeroporto si notò, alle 22.20 circa, un bagliore, seguito dal boato. Raccapriccianti le prime scene che si presentarono ai soccorritori: corpi mutilati, carbonizzati, macchie di sangue, indumenti sparsi qua e là, come i frammenti dell'aereo. Un silenzio di morte.

Nel processo al termine dell'inchiesta prevalse la tesi dell'errore commesso dal comandante Roberto Bartoli e dal primo ufficiale Bruno Dini che, secondo i risultati dell'indagine, scambiarono il radiofaro dell'aeroporto con quello posto dieci miglia più a sud-est dello scalo, sul monte Gradara. Si sarebbe perciò trattato di una distrazione del comandante. Non era la prima volta però che quest'ultimo atterrava all'aeroporto di Palermo.

Fu una sentenza che non convinse molto e che lasciò tantissime domande senza risposta. Primo fra tutti, rimane il mistero della scatola nera: non conteneva dati poiché il nastro magnetico si era rotto. Ma questa anomalia viene evidenziata da una spia: come mai il guasto non fu segnalato, ammesso che di guasto si sia trattato? Molto strano anche che la relazione tecnica sia stata redatta in così poco tempo – circa quindici giorni – considerato che si sono registrate testimonianze discordanti sul punto di provenienza dell'aereo. Inoltre non vennero eseguite le perizie balistiche sui corpi, come era stato richiesto dagli avvocati di parte civile. Come mai non furono esaminati gli orologi dei passeggeri, per risalire all'orario dell'impatto?

Vennero effettuate le perizie tossicologiche sui piloti su insistenza dei familiari di quest'ultimi, poiché in un primo momento fu detto che erano ubriachi. La perizia non evidenziò alcun tasso alcolemico.

Quattro anni dopo il disastro, il vicequestore di Trapani, Giuseppe Peri, mise in discussione la tesi dell'incidente, parlando di strage di mafia e terrorismo nero nell'ambito della strategia della tensione. Il rapporto non fu preso in considerazione. Ma non era un'ipotesi campata in aria, in quanto il vicequestore aveva indagato sui passeggeri che viaggiavano sul DC-8 scoprendo che a bordo c'erano il magistrato Ignazio Alcamo, che aveva chiesto il soggiorno obbligato per Ninetta Bagarella (quella che poi sarebbe diventata la moglie di Totò Riina), il comandante della Guardia di finanza di Palermo, Antonio Fontanelli, che indagava su alcuni traffici di Cosa nostra, e l'anziano medico del bandito Salvatore Giuliano, Letterio Maggiore, che si diceva fosse a conoscenza di alcune verità sulla strage di Portella della Ginestra.

Nella primavera del 2012, a quarant'anni dalla sciagura aerea, il generale dei carabinieri Antonio Borzì, uno dei parenti delle vittime (nel disastro perse il fratello Rosario), ha avanzato alla Procura di Catania la richiesta di riapertura del processo. Secondo il legale Ernesto Pino l'inchiesta che si svolse a Catania «ha omesso di approfondire alcuni elementi che avrebbero potuto accertare la verità sull'incidente, attribuito a un errore dei piloti». Negli atti della documentazione, il legale ha allegato foto scattate all'indomani della sciagura. In una di esse si noterebbero dei fori sull'ala che, secondo l'avvocato, sarebbero compatibili con dei proiettili.

A ricordare il disastro oggi c'è una croce che sovrasta montagna Longa, ma si è ancora lontani dalla verità.

Lupi mannari in Sicilia

L'ultimo caso sarebbe stato segnalato a Catania in una notte estiva di luna piena del 1973, quando si udirono le urla strazianti di una persona che vagava senza meta nel quartiere della Consolazione. Erano da poco scoccate le tre, quando un uomo robusto ma dall'andatura barcollante fece spalancare parecchie finestre del quartiere con le sue grida che nulla avevano di umano e ricordavano piuttosto il verso del lupo.

La notizia venne ripresa dal quotidiano catanese «La Sicilia», che riportava alcune testimonianze riguardo alla presenza del licantropo in città. Si diffuse la voce: il lupo mannaro è ritornato! Sì, perché negli anni passati erano stati segnalati altri casi analoghi e in vari centri dell'isola si erano verificati episodi simili.

A Partinico, in provincia di Palermo, sarebbero accaduti alcuni fatti molto strani, sempre legati alla figura del licantropo, nei primi giorni del novembre del 1969 in occasione della festa di san Leonardo. Nelle ore notturne sarebbero state viste girare per le strade delle persone ricoperte da un manto di pelo bruno, munite di zanne e artigli. Addirittura una sera "U Lupunaru" (così viene definito nel palermitano) avrebbe inseguito dei malcapitati, che si sarebbero salvati solo perché erano saliti di corsa sui gradini della Chiesa Madre e si erano rifugiati nel sagrato.

Secondo la leggenda, il licantropo, essendo una creatura infernale, non può salire verso l'alto, ed è considerata quindi un'ottima strategia difensiva rifugiarsi in posti più elevati. Così fece una donna a Palermo nel 1970, in una notte di quintadecima luna. Inseguita, salì precipitosamente le scale del proprio appartamento. Il lupo mannaro si bloccò scrutandola dal bavero alzato del paltò. La donna, salva, si affacciò dalla finestra e vide una figura orribile allontanarsi con ululati atroci. Questa fu la testimonianza, stemperata però dai familiari, i quali pensarono semplicemente che si fosse trattato di un malintenzionato, uno spasimante che al rifiuto si era ritirato piangendo dalla disperazione.

Questi i principali casi al confine tra realtà e leggenda. La figura del licantropo in Sicilia viene anche citata dal più grande studioso di folclore e tradizioni popolari siciliane, Giuseppe Pitrè, nel volume *Usi, costumi, credenze e pregiudizi del popolo siciliano*.

In alcuni trattati, la licantropia viene indicata come una sorta di delirio per il quale la persona che ne è colpita si crede trasformata in lupo e incomincia a ululare. I licantropi, spinti dal loro delirio, fuggivano nei boschi, dove morivano d'inedia oppure venivano uccisi dai contadini superstiziosi. In altri casi la metamorfosi è ritenuta una conseguenza del "mal di luna", che spingerebbe chi ne viene colpito a precipitarsi fuori di casa ululando.

In Sicilia si sono registrati altri casi e le testimonianze diffuse in rete parlano di particolari inquietanti.

Il delitto di Alcamo Marina

L'assoluzione di Giuseppe Gulotta, da parte della Corte di Appello di Reggio Calabria, nel processo di revisione per l'uccisione dell'appuntato Salvatore Falcetta e del brigadiere Carmine Apuzzo, riapre uno dei capitoli più oscuri della storia criminale della Sicilia.

Da chi era composto il commando che fece fuori i due colleghi in servizio presso una casermetta di Alcamo Marina?

Un povero innocente, dopo ventuno anni di carcere, ha riacquistato la libertà, ma rimangono senza giustizia i due giovanissimi carabinieri trucidati nel sonno.

È una notte piovosa del 27 gennaio 1976. I lampi squarciano porzioni di cielo, tutto sembra andare in frantumi. I tuoni rimbombano in modo sinistro.

Siamo ad Alcamo Marina, una striscia di terra dove si moltiplicano centinaia di abitazioni vista mare costruite abusivamente. Villette e case condominiali corrono per diversi chilometri in parallelo tra la linea ferrata e la strada statale. In questo luogo, così deserto in inverno e tanto affollato in estate, sono in servizio Apuzzo e Falcetta, poco più che diciottenni.

Gli autori della strage fecero irruzione all'interno della caserma dopo avere aperto la serratura con la fiamma ossidrica. I killer agirono con freddezza e precisione, uccidendo a colpi d'arma da fuoco i giovani militari. Apuzzo fu il primo a cadere, crivellato di colpi nel sonno. Falcetta, destatosi a seguito del rumore, non ebbe il tempo di impugnare la pistola poiché venne centrato da proiettili sparati in rapida successione al petto e in pieno viso. Prima di allontanarsi i killer rubarono armi, divise e documenti.

A fermarsi per primi casualmente nel luogo della strage furono gli uomini della scorta dell'onorevole Giorgio Almirante, che la mattina presto del 27 gennaio si trovavano a transitare sulla statale. Erano diretti a Trapani, dove il leader del Movimento sociale italiano doveva recarsi per impegni politici.

La scena che si presentò ai loro occhi fu raccapricciante.

Proprio quel giorno i due carabinieri avevano fermato un furgone carico di armi, forse – come si disse anni dopo – appartenenti a organizzazioni paramilitari.

A guidare le indagini fu incaricato il colonnello Giuseppe Russo, comandante del nucleo operativo di Palermo, che sarà ucciso dalla mafia di Corleone lo stesso anno.

Si seguì la falsa pista delle Brigate rosse e l'attenzione degli inquirenti si concentrò sugli ambienti di estrema sinistra, con infruttuose perquisizioni in case di studenti vicini a Lotta continua. L'inchiesta investigativa fu probabilmente depistata da una rivendicazione firmata da un gruppo terroristico sconosciuto, Nucleo Sicilia armata. Nel messaggio, diffuso telefonicamente al quotidiano «La Sicilia», si parlava della classe lavoratrice e di una condanna eseguita alle ore 1.55. Nel registratore rimasero incise le seguenti parole: «Il popolo e i lavoratori faranno ancora giustizia di tutti i servi, carabinieri in testa, che difendono lo stato borghese». Dal nastro emersero altri particolari che in effetti vennero riscontrati sulla scena del delitto. La telefonata si chiuse con una minaccia: «Sentirete ancora parlare di noi molto presto! Possiamo agire ovunque, ad Alcamo e a Roma».

La svolta sul fronte delle indagini si registrò a febbraio.

A un posto di blocco i carabinieri notarono una FIAT 127 con la targa di cartone. Non esitarono a fermarla. A bordo si trovava un giovane alcamese, Giuseppe Vesco, con un braccio mancante in seguito ad amputazione. Nell'utilitaria vennero trovate due pistole, una delle quali era una Beretta calibro 9, in dotazione alle forze dell'ordine. Seguì una perquisizione a casa del giovane, dove si scoprì un'arma dello stesso calibro del delitto della casermetta. A questo punto l'interrogatorio si fece pressante. Vesco in un primo momento negò la sua partecipazione diretta all'agguato dichiarando che doveva solo consegnare le armi in un punto della spiaggia, ma non sapeva a chi. Messo sotto torchio, indicò il luogo dove si trovavano armi, divise e palette trafugate dalla casermetta. Erano nascoste in una stalla di Partinico di proprietà del bottaio Giovanni Mandalà. Alla fine Vesco dichiarò di avere fatto parte del commando e confessò i nomi dei complici. Secondo la sua versione, a uccidere i carabinieri, ognuno con un proprio ruolo, erano stati, oltre al Mandalà, gli alcamesi Giuseppe Gulotta di diciannove anni, Vincenzo Ferrantelli di sedici anni e Gaetano Santangelo di diciassette anni. Confessarono tutti firmando un verbale.

Giallo risolto? Niente affatto. Intanto Santangelo e Ferrantelli, tra un appello e l'altro, si rifugiarono in Brasile e Mandalà morì di morte naturale dopo qualche anno di carcere. Vesco ritrattò e venne trovato impiccato alle sbarre della cella nell'ottobre del 1976, poco prima di essere ascoltato dagli inquirenti. Un suicidio, si disse, commesso da un uomo privo del braccio destro!

Giuseppe Gulotta gridò la sua innocenza e raccontò di essere stato costretto, sotto irresistibili torture, ad autoaccusarsi. La verità viene a galla solo sul finire del 2007, quando l'ex brigadiere Renato Olino, che aveva partecipato alle indagini, dichiarò che le confessioni erano state estorte con la violenza, raccontando anche nei dettagli le torture messe in atto. Fu così che Gulotta ottenne la revisione del processo.

Alla lettura della sentenza nel febbraio del 2012, Giuseppe Gulotta è scoppiato in lacrime.

Accanto a lui c'erano gli avvocati Pardo Cellini e Baldassare Lauria, che lo hanno assistito durante il decisivo iter giudiziario. Quest'ultimo dirà alla stampa: «Gulotta è stato vittima di un gioco di potere. Anche se nessuno potrà mai cancellare lo stravolgimento della sua vita, oggi questa è una sentenza che fa giustizia».

Gulotta invece sintetizzerà così la sua drammatica avventura che gli ha cambiato la vita: «Quella notte ero a casa che lavoravo. Sento bussare alla porta, erano i carabinieri, lì per lì non fanno nessuna domanda. Mi dicono di seguirli in caserma con i vestiti ancora sporchi. Pochi minuti dopo ero legato a una sedia e loro mi picchiavano, mi hanno afferrato i capelli, mi sputavano. A ogni mio diniego erano schiaffi e pugni, poi ho perso i sensi. Mi svegliai con i pantaloni inzuppati di urina. Stremato, mi hanno costretto a firmare il verbale».

In questi lunghi anni ha provato a raccontare la sua storia ai vari magistrati che lo hanno interrogato, ma nessuno gli ha mai creduto. Oggi è un uomo stanco e provato, e la sua amarezza si raccoglie nelle poche parole che riesce a dire: «Mio figlio William aveva due anni quando sono stato condannato all'ergastolo per omicidi che non avevo commesso. Sono entrato in carcere che William non aveva ancora cominciato a parlare. La prima volta che ho avuto una licenza di due giorni lui aveva otto anni. Mi rammarico per non averlo mai accompagnato a scuola».

Ma torniamo ai poveri carabinieri, vittime innocenti.

Ad Alcamo Marina la casermetta non c'è più. Al suo posto svetta una stele per ricordare due morti che ancora chiedono giustizia. Rimangono due piste in sospeso: una è quella che riconduceva al misterioso Gladio, una struttura paramilitare legata ai servizi segreti di cui forse i due carabinieri Apuzzo e Falcetta avevano intercettato un carico di armi. Un'altra l'aveva ipotizzata una futura vittima della mafia, Peppino Impastato, denunciando la strage di Alcamo Marina come un avvertimento allo Stato da parte della mafia. Di fatto ancora non ci sono spiegazioni ufficiali: nessun movente certo per questo caso che rimane ancora avvolto nell'ombra.

L'omicidio di Peppino Impastato e il mistero della casellante

Il 9 maggio 1978 l'Italia era incollata alla TV, sconvolta dalle immagini tempestive che la RAI trasmetteva da Roma, via Caetani: una Renault 4 parcheggiata emblematicamente tra via delle Botteghe Oscure e piazza del Gesù conteneva nel bagagliaio il corpo rannicchiato di Aldo Moro, il presidente della Democrazia cristiana giustiziato dalle Brigate rosse dopo cinquantacinque giorni di prigionia.

La sera prima in un paesino del palermitano, a Cinisi, si consumava in silenzio una tragedia familiare che passò alla storia così come l'assassinio di Aldo Moro.

L'eroe protagonista di questa storia è un giovane di trent'anni che non si lasciò intimorire dal clima di intimidazione che la mafia aveva creato in paese. Se nessuno protestava si viveva tranquilli, ma Peppino non aveva accettato questo tacito accordo.

La sera del 9 maggio, alle ore 20.00 circa, usciva da una casa di Terrasini che ospitava Radio Aut, l'emittente libera dalla quale lanciava i suoi strali contro i mafiosi, spesso con disprezzo e toni satirici. Percorreva in auto il lungomare Magaggiari, diretto a Cinisi, dove non arrivò mai. Questa la notizia data dal telegiornale della RAI: «Non è ancora chiara la ragione della morte di Giuseppe Impastato, trent'anni, dilaniato dall'esplosione di una bomba sui binari del treno Palermo-Trapani. Impastato era candidato nella lista di Democrazia proletaria alle elezioni comunali di Cinisi. In seguito a una perquisizione a casa della madre, i carabinieri hanno trovato una lettera in cui il giovane manifestava la volontà di togliersi la vita. Si è trattato di un fallito attentato terroristico, oppure di un suicidio? Per gli investigatori entrambe le ipotesi sono valide. Si indaga negli ambienti della sinistra extraparlamentare di Cinisi. Perquisiti senza esito le case dei familiari e dei compagni di Impastato».

In realtà le indagini non prenderanno in considerazione la pista mafiosa, nonostante la madre, Felicia Bartolotta, gridi disperatamente: «Peppino l'ha fatto ammazzare Badalamenti, non lo doveva fare questo!».

Gli amici vengono convocati tutti in caserma e quella stessa notte vengono perquisite casa Impastato e le abitazioni dei compagni. Nessun inquirente osa varcare la soglia di uno degli appartamenti dei mafiosi, nonostante nel rapporto di un sottoufficiale si legga che era stato usato un esplosivo da cava. Era noto che le cave della zona erano tutte di proprietà di mafiosi.

Quella notte i suoi amici non chiusero occhio e l'indomani giravano con le buste di plastica della spesa per raccattare i resti del corpo del loro compagno in prossimità della linea ferrata, dove era stato legato tramortito per poi essere fatto saltare in aria con una carica esplosiva. L'azione giudiziaria che arriva dalla Procura di Palermo è un atto che vede Impastato come un terrorista; successivamente si dice che si è trattato di un suicidio. Nessuno del suo gruppo e dei suoi familiari crede a questa versione dei fatti.

La verità verrà a galla molti anni dopo, grazie al lavoro investigativo e di denuncia dei suoi fedeli compagni. Il 5 marzo 2001 la Corte d'Assise ha riconosciuto il mafioso Vito Palazzolo colpevole dell'omicidio di Peppino Impastato e lo ha condannato a trent'anni di reclusione. L'11 aprile 2002 Gaetano Badalamenti è stato condannato all'ergastolo, con l'accusa di esserne stato il mandante.

Giustizia fatta dunque, ma perché – ci si chiede ancora – tutti questi depistaggi?

E rimane un mistero la figura della casellante del passaggio a livello di Cinisi, Provvidenza Vitale, l'unica testimone che avrebbe potuto chiarire subito la dinamica dell'atroce delitto. Si disse in un primo tempo che era sparita, emigrata in una città ignota degli Stati Uniti. Si scoprirà in seguito che non era vero, che la donna in quel periodo non si era mossa da Cinisi: solo qualche mese dopo l'omicidio era andata in America a visitare alcuni parenti. Perché la casellante non è stata mai sentita dagli inquirenti? Un interrogativo a cui nessuno ha dato mai una risposta.

Per il resto la storia di Peppino è ormai nota in tutto il mondo, grazie anche al film *I cento passi* (2000), diretto da Marco Tullio Giordana.

Ustica: una strage senza colpevoli

Un aereo che scompare dallo specchio radar. È un velivolo civile, il Douglas DC9 I-TIGI della compagnia Itavia, decollato da Bologna il 27 giugno 1980 e mai atterrato all'aeroporto di Punta Raisi di Palermo, dove era diretto. L'addetto alla torre di controllo cerca di stabilire più volte il contatto con il pilota. Nessuna risposta, scatta l'allarme.

Cosa accadde su quell'aereo, decollato regolarmente da Bologna?

A bordo viaggiano ottantuno persone, compresi i quattro membri dell'equipaggio. In prossimità dell'isola di Ustica il capitano Gatti ha appena il tempo di dire: «Guasto», che il motore destro si stacca. Poi cede la fiancata, si resta al buio. Si ferma il secondo motore, i finestrini si frantumano, l'aereo si depressurizza e muoiono tutti i passeggeri. Il velivolo si stacca in due tronconi, precipita in mare disintegrandosi. I corpi dei passeggeri finiscono nei fondali a una profondità di quattromila metri. Scatta l'allarme, ma i soccorsi non vengono attivati con tempestività: arriveranno sul punto di inabissamento dell'aereo soltanto la mattina dopo. Un ritardo sospetto.

Rimane misteriosa la causa del disastro.

Le indagini imboccano la via più semplice, quella di un'avaria. La tesi del cedimento strutturale del DC9 resterà per quasi due anni la spiegazione ufficiale della tragedia, tanto che la compagnia diventerà il primo capro espiatorio e sarà costretta a sciogliersi.

Si approfondiscono alcuni particolari, e infine l'indagine del giudice istruttore Rosario Priore si chiude con la richiesta di rinvio a giudizio per strage a carico di ignoti. La sentenza parla di «distruzioni e sparizioni non casuali».

Da chi fu abbattuto l'aereo? E per quale ragione?

La ricostruzione dell'evento appare complessa. Le numerose ipotesi che sono state avanzate non hanno trovato alcun riscontro. Si è parlato anche di una probabile vendetta di Gheddafi con raid dei Mig libici, per poi scoprire che il Mig 21 non sarebbe potuto arrivare a Ustica e ritornare in Libia senza esaurire il carburante.

Nell'aprile del 1992 la Commissione Stragi, presieduta dal senatore Libero Gualtieri, traccia nella sua relazione un giudizio molto duro nei confronti dei responsabili militari dell'aeronautica, accusando gli alti ufficiali di «avere trasformato una normale inchiesta sulla perdita di un aereo civile in un insieme di menzogne. L'aeronautica militare non meritava di essere trascinata nella sua interezza in questa avventura».

Nel 1999 si giunge a una svolta. Al centro dell'attenzione è l'aeronautica militare. Il giudice Rosario Priore chiede il rinvio a giudizio anche per i generali Lamberto Bartolucci, capo di stato maggiore dell'aeronautica, il vice Franco Ferri, Corrado Melillo, generale di brigata aerea, Eugenio Tascio, capo del Servizio informazione dell'aeronautica. L'accusa è di attentato contro gli organi costituzionali, con l'aggravante dell'alto tradimento per avere omesso di fornire informazioni alle autorità politiche e giudiziarie. Coinvolti anche numerosi ufficiali e militari accusati di falsa testimonianza.

I generali messi sotto accusa smentiscono tutto e a loro volta si scagliano contro i magistrati che hanno condotto le prime indagini. In particolare sull'occultamento di documenti e falsificazione, l'aeronautica militare ha puntualmente fornito le spiegazioni richieste dai magistrati inquirenti. C'è da dire che l'azione investigativa non ha proceduto in modo sistematico e tempestivo all'acquisizione di tutta la documentazione necessaria, operando con mesi di ritardo. Insomma, le responsabilità rimbalzano dall'uno all'altro settore e ancora oggi i parenti delle vittime chiedono giustizia.

Una cosa molto strana è che in seguito si registrerà una lunga sequenza di morti, tra incidenti e suicidi, di militari o di persone coinvolte in qualche modo nel caso.

Il 27 giugno 2012, in occasione del trentaduesimo anniversario del disastro di Ustica, il Presidente della Repubblica Giorgio Napolitano, in un messaggio indirizzato alla presidente dell'associazione "Parenti delle vittime della strage di Ustica", Daria Bonfietti, ha rinnovato ai familiari delle vittime la sua affettuosa vicinanza, ribadendo: «È motivo di profonda amarezza dovere constatare come lunghi anni di indagini non abbiano ancora consentito di individuare i responsabili di una vicenda così tragica e inquietante. È indispensabile che le istituzioni tutte profondano ogni sforzo, anche sul piano dei rapporti internazionali, per giungere a una compiuta ricostruzione di quanto avvenne quella drammatica notte nei cieli di Ustica e favoriscano lo svolgimento delle difficili indagini tuttora in corso».

La casa dei fantasmi di Mondello

Mondello è il rifugio marittimo dei palermitani. Si va a Mondello per prendere il sole, per farsi il bagno, per respirare aria buona, per rilassarsi, per spezzare il ritmo quotidiano, per passeggiare, per amoreggiare.

Tra le tante ville in stile liberty, ce n'è una molto particolare. L'abitazione, che si sviluppa su due piani e ha un ampio giardino, è circondata da un'inferriata.

Niente di strano, ma se chiedete a qualsiasi palermitano chi siano i proprietari, vi risponderà senza battere ciglio: «I fantasmi!».

Questa villa è nota infatti come la Casa dei fantasmi.

Sull'origine di questa credenza ci sono opinioni contrastanti, e molteplici sono i racconti sulle vicende che sarebbero accadute all'interno dell'abitazione. Si dice che la casa iniziò a essere frequentata dagli spettri quando una giovane sposa si suicidò gettandosi dal secondo piano. C'è chi afferma che la casa era una base militare tedesca nel corso della seconda guerra mondiale e che al suo interno si siano consumati torture e i più atroci delitti ai danni dei prigionieri. Esiste anche una versione opposta, secondo la quale furono invece i tedeschi a cadere sotto le mitragliate di militari americani, dopo essere stati sorpresi con alcune prostitute.

Da allora, nel corso degli anni, si sono susseguiti degli strani episodi: alcuni muratori avrebbero abbandonato frettolosamente il luogo dopo aver sentito dei rumori e aver notato l'inspiegabile caduta di alcuni laterizi; strane presenze sarebbero state avvertite da alcuni turisti durante la notte. Si parla poi di studenti in fuga perché inseguiti da aliti di vento caldo, e di scienziati neozelandesi spariti nel nulla dopo una breve permanenza.

Sta di fatto che l'elegante villa è disabitata dal 1980. I proprietari non sono più riusciti né a venderla, né a darla in affitto.

Sono allora i fantasmi i residenti permanenti? I palermitani giurano di sì!

Qualcuno invece ipotizza che di maligno ci sia solo chi ha messo in giro la voce che la casa fosse infestata dagli spettri per fare in modo che perdesse di valore e rimanesse invenduta.

Una notte di luglio del 2009 un gruppo di coraggiosi ragazzi si spinse all'interno della recinzione per verificare i fatti personalmente. I giovani erano armati di telefonini, torce, pinze, giraviti. Due di loro facevano da palo davanti al cancello.

Parte la spedizione: si aggirano nel giardino, fanno i baldanzosi ma restano sempre uniti. Vogliono entrare nella casa misteriosa. Una porta sembra murata, così tentano da un ingresso secondario. Sentono dei cigolii, ma non scappano: sarà il vento. Scrutano attraverso le inferriate di una finestra. Improvvisamente squilla un telefonino, e sobbalzano. È uno dei loro compagni, di guardia davanti al cancello, che li avverte della presenza di una volante della polizia. Questa volta hanno paura e fuggono davvero. La scena è stata filmata.

A Mondello il mistero rimane, così come le numerose storie raccontate nelle lunghe serate estive, che hanno per protagonisti i fantasmi di questa strana casa.

Il misterioso ritorno in Sicilia di Michele Sindona

Michele Sindona era di Patti, un piccolo comune della provincia di Messina. Suo padre, impresario di pompe funebri, guadagnava abbastanza da permettersi di mandare il figlio a studiare presso i gesuiti e da farlo laureare in giurisprudenza. Michele era particolarmente portato per la matematica e l'economia. Dopo un paio d'anni di gavetta presso l'ufficio delle imposte a Messina, nel dopoguerra decide di trasferirsi a Milano per aprire uno studio di consulenza tributaria.

Negli anni Cinquanta diventa uno dei più noti commercialisti italiani. Riesce a guadagnare grosse somme di denaro giocando in borsa, ma soprattutto è uno dei primi a scoprire i paradisi fiscali. Il suo fiuto nell'evitare le tasse, con notevoli spostamenti di denaro, attira l'attenzione dei mafiosi. In particolare Sindona collabora con la famiglia Gambino, che gli affida la consulenza e la gestione del denaro ricavato dal traffico di droga.

La scalata è rapida. In poco meno di un anno compra la prima banca, conosce personalmente l'arcivescovo di Milano, cardinale Montini, futuro papa Paolo VI. Nel 1969 si associa alla Banca Vaticana e inizia un vorticoso traffico valutario. Gli affari di Michele Sindona si intrecciano con quelli occulti del capo della loggia massonica P2 Licio Gelli.

A partire dagli anni Settanta le sue fortune si alternano. Nel 1974 viene eletto uomo dell'anno dall'ambasciatore americano in Italia, ma nello stesso periodo si registra il "crac Sindona", ovvero la perdita di oltre quaranta milioni di dollari e della maggior parte delle banche acquisite, dichiarate insolventi per cattiva gestione e frode.

Varie investigazioni inducono la Banca d'Italia a scegliere come commissario liquidatore Giorgio Ambrosoli. La sua capillare indagine lo portò inevitabilmente a entrare nei meandri delle trame del finanziere siciliano. Il commissario cominciò a essere oggetto di tentativi di corruzione, a cui seguirono minacce esplicite. Ambrosoli non si fece intimorire e confermò la necessità di liquidare la banca e di riconoscere la responsabilità penale del banchiere siciliano. Nel corso dell'indagine emerse, inoltre, la responsabilità di Sindona anche nei confronti della Franklin National Bank e per questo intervenne l'FBI. Sindona fu arrestato per bancarotta fraudolenta e condannato negli Stati Uniti e in Italia.

Qui scatta l'azione criminale messa in atto dal clan sindoniano: venne ingaggiato il sicario professionista americano William Joseph Aricò, che assassinò Ambrosoli nel luglio del 1979. Nello stesso periodo, la mafia uccise il capo della squadra mobile di Palermo, Boris Giuliano, che stava indagando sul traffico di eroina e che aveva contattato Ambrosoli due settimane prima per uno scambio di informazioni.

Nel 1986 Sindona venne condannato all'ergastolo, accusato di essere il mandante dell'omicidio Ambrosoli. La sua vita da recluso durò appena due giorni. Nel supercarcere di Voghera fu avvelenato con un caffè contenente cianuro di potassio. Morì in ospedale dopo due giorni di coma. Come era arrivato il caffè avvelenato nella cella? La consegna dei pasti avveniva secondo una rigida procedura. Solo poche persone potevano portare le vivande, assicurate in contenitori d'acciaio chiusi con un lucchetto. Sorse anche un altro dubbio: se si fosse trattato di una messinscena orchestrata dallo stesso

Sindona, sarebbe bastato un piccolissimo quantitativo di cianuro, e il banchiere avrebbe potuto salvarsi con un semplice intervento ospedaliero. Invece non fu così. La quantità messa nel caffè era certamente mortale.

Rimane quindi in piedi l'ipotesi che la persona che gli avrebbe fornito il veleno abbia volontariamente esagerato per ucciderlo. Tuttavia il caso è stato archiviato come suicidio, in quanto il tipo di veleno usato ha un odore particolarmente pregnante e perciò è improbabile che Sindona lo abbia ingerito senza accorgersene. Però ebbe il tempo di gridare disperatamente: «Mi hanno avvelenato!».

Gli inquirenti ipotizzarono che il piano fosse stato architettato da lui stesso per ottenere l'estradizione negli Stati Uniti, un Paese per lui più sicuro. Aveva fatto di tutto perché si avviasse la procedura. Del resto il finanziere non era nuovo a questo tipo di simulazioni. Nell'agosto del 1979, mentre era indagato negli Stati Uniti, aveva organizzato il finto sequestro per nascondere un misterioso viaggio in Sicilia. Tutto doveva sembrare realistico. Si era fatto anche sparare a una gamba dopo averla accuratamente anestetizzata.

Ma a cosa doveva servire il ritorno di Sindona in Sicilia? È certo che i suoi compagni di viaggio erano dei loschi individui appartenenti al mondo della mafia, della massoneria, dell'alta finanza, compresi gli uomini di scorta, reclutati tra i più sanguinari boss. Insomma, un esercito di "galantuomini" sul quale si romanza addirittura che fosse addestrato per la preparazione di un golpe separatista con l'obiettivo di catapultare la Sicilia nell'orbita americana e promuoverla al rango di cinquantunesimo Stato degli USA. Storie fantasiose, probabilmente messe in giro per gettare fumo sulla vera missione di Sindona in Sicilia.

Dopo cinquantasei giorni di permanenza nell'isola, rientrò negli Stati Uniti dove venne condannato per un'infinità di reati. Mentre si trovava nelle prigioni federali il governo italiano presentò domanda di estradizione, perché Sindona potesse presenziare al processo per omicidio che lo riguardava.

Poi, nelle carceri italiane, la misteriosa morte.

C'era qualcuno che aveva interesse a sbarazzarsi del bancarottiere?

Si parla di alcuni documenti scottanti in suo possesso: un memoriale che avrebbe fatto tremare mezza Italia. Il dossier avrebbe contenuto oltre cinquecento nomi eccellenti di ministri, senatori, deputati, segretari di partito, banchieri, giornalisti, avvocati, cavalieri del lavoro, ufficiali, imprenditori: insomma, una rappresentanza dell'Italia che contava. Nelle mani del finanziere tutto questo era una potente arma di ricatto. E l'avrebbe certamente usata, se non l'avessero aiutato a sbrogliare la vicenda giudiziaria. Sindona uscì dal carcere, ma da morto.

Che fine avrebbe fatto questo fantomatico dossier?

È vero, come hanno ipotizzato alcuni, che potrebbe trovarsi dentro una cassaforte, magari nel bunker di qualche mafioso? Il viaggio in Sicilia di Sindona era servito anche a questo?

Rimangono molti lati oscuri, anche se si sono avanzate varie ipotesi, come quella della creazione di canali preferenziali e sicuri per il riciclaggio di denaro sporco.

Come mai Sindona era riuscito a lasciare così facilmente gli Stati Uniti?

Si dice che Sindona e soci dovessero spianare la strada per un'operazione politico-militare della Casa Bianca: l'installazione di testate nucleari in Sicilia, un avamposto strategico nel Mediterraneo. Rimane un ultimo mistero mai svelato: con chi si incontrò Sindona nei suoi cinquantatré giorni di permanenza in Sicilia? Si sa solo che, degli uomini di sua fiducia, pochi scamparono alla morte.

Il covo di Totò Riina

Carta d'identità rilasciata dal comune di Corleone nel 1955: cognome Riina, nome Salvatore, nato il 16 novembre 1930 a Corleone, stato civile celibe, statura metri 1,58, occhi castani, capelli castani, corporatura regolare, professione bracciante agricolo. In realtà Riina, noto con il nome di Totò, si occupava di tutt'altro che della terra. A malapena era riuscito a compiere gli studi del ciclo elementare, che già si era dato alla vita da bullo con piccoli furti e minacce. All'età di diciannove anni uccise un coetaneo in una rissa. Scontò solo sei anni di carcere e ritornò nel suo paese con una promozione timbrata dalla mafia: divenne luogotenente della banda di Luciano Liggio, denominato la Primula rossa, impegnata a uccidere il capo mafia Michele Navarra.

Inizia così la carriera criminale di Totò Riina, detto *u curtu*, fino a diventare, a partire dagli anni Ottanta, il capo indiscusso di Cosa nostra, occupando il posto di Liggio, finito in carcere e morto a Nuoro il 15 novembre 1993.

Riina riuscì ad accumulare un immenso patrimonio per sé e per la cosca grazie a traffici di contrabbando e droga e a importanti appalti pubblici. Fece terra bruciata attorno ai diretti concorrenti, sterminando il boss di Cosa nostra Stefano Bontade e i suoi fedeli alleati. Poi la scalata, sfidando lo Stato e ordinando omicidi di numerosi magistrati, uomini delle forze dell'ordine e rappresentanti delle istituzioni.

Trascorse esattamente ventitré anni, sei mesi e otto giorni di latitanza, muovendosi abbastanza liberamente e non allontanandosi molto dalla zona di Palermo, dove faceva il bello e il cattivo tempo. Si sposò nella primavera del 1974 con Antonietta Bagarella ed ebbe quattro figli, tutti regolarmente battezzati. Insomma, viveva la quotidianità come una persona comune. Come mai Riina riusciva a condurre una vita regolare, senza essere mai intercettato?

Venne arrestato dagli uomini del Raggruppamento operativo speciale dei carabinieri solo il 15 gennaio 1993, assieme al suo autista e guardia del corpo, sullo stesso marciapiede dove quindici anni prima aveva fatto assassinare il mafioso Beppe Di Cristina. Dopo due giorni d'interrogatorio, il "boss dei boss" lascerà la Sicilia in elicottero. Parecchie costruzioni che vede dall'alto sono il frutto dei suoi lucrosi intrallazzi con imprenditori e politici.

A Riina vengono attribuiti tutti gli omicidi eccellenti compiuti da Cosa nostra negli anni Ottanta. Il capo della mafia è stato rinchiuso nel carcere duro dell'Asinara, in Sardegna. Oggi si trova nel carcere milanese di Opera, dove sta scontando diversi ergastoli.

Il caso Totò Riina rappresenta uno dei misteri più ingarbugliati d'Italia. Innanzi tutto, nonostante fosse un ricercato eccellente, risiedeva in Sicilia, a Palermo, in un quartiere non molto distante dal centro e abbastanza popolato. Qui, in via Gianlorenzo Bernini al numero civico 54, a ridosso dell'autostrada, trascorse indisturbato gli ultimi dieci anni di latitanza sotto il falso nome di Giuseppe Bellomo di Mazara del Vallo, in una villa con piscina dotata di ascensore interno e di tutti i comfort. Non era di sua proprietà e pagava regolarmente l'affitto ai fratelli imprenditori Gaetano e Giuseppe Sansone.

La mattina del 15 gennaio 1993 Riina viene catturato, a seguito di una brillante operazione di pedinamento preparata da mesi.

A questo punto si apre un altro capitolo misterioso: l'abitazione del mafioso non venne perquisita. Perché? L'intenzione c'era, ma all'ultimo momento il capitano Sergio De Caprio, il leggendario "capitano Ultimo", chiede alla Procura di soprassedere, di rinviare di qualche giorno. Nella casa di via Bernini risiedevano ancora la moglie, Ninetta Bagarella, e i quattro figli.

C'è una precisa strategia investigativa dietro un comportamento che può sembrare assurdo: controllare la villa con le telecamere per intercettare qualcuno che abbia interesse a fare sparire materiale compromettente, catturare altri capi di Cosa nostra, fiancheggiatori, magari persone insospettabili. Invece, di lì a poco, una clamorosa svolta: nello stesso pomeriggio il furgone camuffato dei ROS abbandona la zona antistante via Bernini e disattiva la telecamera che era nascosta in un lampione, rivolta verso l'ingresso del covo. Non c'è più alcun controllo. Così il giorno seguente i fratelli Sansone, proprietari della casa, si recano nella villa e prelevano i familiari del capo mafia per trasferirli a Corleone. Nei giorni successivi ritornano, ripuliscono l'abitazione e con un'impresa dei traslochi portano via tutto. Alcuni uomini, camuffati da operai, tornano indisturbati una terza volta per dare una rinfrescata alle pareti interne e addirittura ristrutturano alcune stanze, modificando l'assetto originario dell'appartamento che per decenni aveva ospitato il super boss. Scompare pure la cassaforte.

Finalmente arriva il mandato di perquisizione, ma sono ormai trascorsi diciotto giorni dall'arresto e nel covo qualsiasi traccia è stata ripulita.

Sulla mancata perquisizione sono state fornite diverse versioni, che vanno dal semplice malinteso tra Procura e carabinieri alla superficialità, dal complotto alla collusione. Qualcuno addirittura ha ipotizzato che il tutto rientrasse nell'atto finale di una trattativa tra mafia e Stato.

Nonostante Totò Riina sia stato assicurato alla giustizia, rimangono aperti molti interrogativi che impediscono di leggere con chiarezza decenni di sanguinosa storia mafiosa.

L'omicidio La Torre: mafia o servizi segreti?

La Torre fu pedinato dallo Stato? Nella sua vicenda ci fu il coinvolgimento dei servizi segreti?

Rimane aperto un inquietante capitolo su uno degli omicidi più eclatanti della Sicilia.

Era una mattina di fine aprile del 1982, quando il segretario regionale del PCI venne assassinato insieme all'autista Rosario Di Salvo mentre stava raggiungendo in auto la sede del partito. La FIAT 131 venne affiancata da una moto di grossa cilindrata che le tagliò bruscamente la strada. Partì una raffica di proiettili, e l'esecuzione venne completata da altri killer scesi da un'auto. Pio La Torre morì all'istante, mentre Di Salvo ebbe il tempo di sparare alcuni disperati colpi prima di morire.

Un duplice omicidio – a pochi giorni dalla definizione dei dettagli per l'insediamento del generale Carlo Alberto dalla Chiesa a prefetto di Palermo – che disorientò gli ambienti politici siciliani.

Alcune settimane prima c'era stata una grande manifestazione a Comiso, nei pressi di Ragusa, contro l'installazione di centododici missili nucleari Cruise della NATO. La Torre era stato il principale organizzatore della protesta, con oltre un milione di firme raccolte. Con la marcia su Comiso si scriveva l'inedita pagina di una Sicilia pacifista.

L'omicidio di La Torre venne rivendicato da poco credibili "gruppi proletari organizzati".

Si privilegiò la pista mafiosa. Occorsero nove anni di indagini prima che i giudici del tribunale di Palermo chiudessero l'istruttoria, rinviando a giudizio nove boss mafiosi appartenenti a Cosa nostra. Nel 1992 il pentito Leonardo Messina rivelò che il mandante era stato il capo dei corleonesi, Totò Riina: la cupola si sentiva minacciata dalla legge Rognoni-La Torre che introduceva il reato di associazione mafiosa e la confisca dei beni mafiosi e che avrebbe annientato i patrimoni illeciti.

Questo potrebbe essere stato il principale movente, che però non ha mai avuto un riscontro oggettivo definitivo.

Nel gennaio del 2007 la Corte d'Assise d'appello di Palermo ha emesso l'ultima di una serie di sentenze che ha portato all'individuazione degli autori materiali dell'omicidio e a identificare nelle persone di Salvatore Riina, Pippo Calò, Bernardo Provenzano, Bernardo Brusca, Michele Greco, Francesco Mannoia e Antonino Geraci i mandanti, condannati all'ergastolo. Si trattava della cupola mafiosa che governava Cosa nostra a Palermo nella stagione degli eclatanti omicidi degli anni Ottanta. In generale, dai risultati processuali emerse che l'omicidio sarebbe maturato per l'impegno di La Torre sul fronte dell'antimafia. Tuttavia Pio La Torre, con altrettanta convinzione, si era schierato contro i missili di Comiso. Il movimento da lui capeggiato rifiutava infatti il progetto di trasformare la Sicilia in un avamposto di guerra in un mare Mediterraneo già profondamente segnato da pericolose tensioni e conflitti. La proposta alternativa era quella di fare del Mediterraneo "un mare di pace". Il successo della manifestazione era stato strabiliante.

Ma c'è ancora un altro aspetto da non trascurare: La Torre aveva seguito con attenzione l'evoluzione della situazione relativa al traffico degli stupefacenti e al riciclaggio di denaro sporco attraverso i canali dell'alta politica, dell'alta finanza e dei servizi segreti. In particolare si era interessato al caso Sindona e ai flussi di denaro collegati a Calvi e alle banche vaticane. Era insomma un uomo che combatteva su diversi fronti, in un ventaglio di intrighi molto pericolosi.

Si scoprirà dopo che La Torre era spiato dai servizi segreti ufficiali e anche da un loro organo "occulto". Si scoprirà inoltre che per l'agguato erano stati utilizzati proiettili militari. Per tutte queste ragioni i difensori della famiglia La Torre continuano a ritenersi "insoddisfatti" dell'esito del processo. In effetti le indagini sul duplice omicidio, nonostante le condanne, risultano sfiorate da numerose ombre.

E se la mafia fosse stata solo il braccio armato di organizzazioni criminali esterne?

Era stato La Torre a chiedere nel 1981 il delicato incarico di segretario regionale del PCI, anche per portare sulla "giusta strada" il partito.

Quando iniziò a lavorare alacremente nella sua isola, cominciò a temere qualcosa. Chiese il porto d'armi e cambiò abitudini. Tutti i giorni compiva un tragitto diverso e il suo autista era armato. Queste precauzioni non gli servirono a nulla.

Ai funerali di Pio La Torre parteciparono oltre centomila persone, tra cui anche Enrico Berlinguer.

Nel giugno del 2012 è stato riaperto il caso sull'omicidio. L'ipotesi è quella di probabili mandanti esterni all'apparato mafioso. L'appello era stato fatto da giuristi e intellettuali ed è stato recepito dalla Procura di Palermo.

Un giornalista scomodo

Quando in un delitto si seguono varie piste, le cose si complicano, si allungano a dismisura i procedimenti giudiziari e spesso non si trovano i colpevoli. È il caso dell'omicidio di Mauro Rostagno, il sociologo venuto dal Nord per fondare in Sicilia, assieme alla compagna Chicca Roveri e a Francesco Cardella, una comunità di recupero per tossicodipendenti e per denunciare da una TV privata le collusioni tra mafia e politica. La comunità si chiamava Saman e si trovava a Trapani in contrada Lenzi; la redazione nella quale lavorava era Rete Tele Cinema di Trapani.

Rostagno portava con sé un bagaglio culturale e politico variegato. Era stato uno dei leader della contestazione del '68 e faceva parte dell'esecutivo di Lotta continua. Alla fine degli anni Settanta aveva organizzato a Milano uno dei primi centri sociali italiani, Macondo. Aveva fatto esperienza spirituale in India, seguendo il santone Bhagwan Shree Rajneesh, detto Osho, per aderire al movimento degli Arancioni.

Eccolo a Trapani, in un contesto mafioso radicato, dove viene visto come un leader per il suo carisma e come un extraterrestre per il coraggio. Da giornalista cura una seguitissima rubrica presso RTC. In particolare si occupa di un argomento che gli sta a cuore, la droga, e nel farlo non può non parlare di mafia. Nei commenti non generalizza mai e denuncia corruzioni e accordi illeciti nell'ambito della pubblica amministrazione, parla di infiltrazioni mafiose e fa nomi e cognomi. Diventa un personaggio scomodo. La televisione privata segna un record negli indici di ascolto perché «finalmente c'è qualcuno che racconta la verità».

Il 26 settembre 1988 Rostagno esce dagli studi televisivi accompagnato da una ragazza, ospite della comunità, che collabora alla sua trasmissione. Viaggiano a bordo di una FIAT Duna bianca e sono diretti verso la sede della comunità. Sono circa le 20.30 ed è già buio. Qui il primo mistero: stranamente i lampioni sulla strada di contrada Lenzi, che conduce alla sede di Saman, sono spenti.

Sarà un caso? Si tratta di un guasto tecnico?

L'autovettura viene bloccata, Rostagno fa appena in tempo a spingere giù la ragazza, quando una sventagliata di colpi si abbatte su di lui. Prima di dileguarsi, i killer hanno il tempo di sfondare con il calcio del fucile il finestrino posteriore e rovistare nella borsa che Mauro teneva sempre con sé. Nelle stesse ore qualcuno visita la redazione di RTC.

Chi ha voluto eliminare Rostagno?

Le indagini si espandono a largo raggio e creano confusione sul movente.

In Sicilia, come spesso accade in questi casi, è più semplice seguire una pista interna: gli interrogatori si concentrano sui componenti della comunità di Saman, nonostante la compagna di Rostagno, Chicca Roveri, abbia indicato da subito la pista mafiosa. In un primo momento gli inquirenti ritengono che il delitto sia maturato all'interno della comunità con la regia occulta del trapanese Cardella, editore, faccendiere, amico di Bettino Craxi. Altri addirittura accusano gli ex compagni di Lotta continua perché «Rostagno era a conoscenza di chi aveva ucciso il commissario Calabresi».

Crede nella pista mafiosa il commissario Rino Germanà, dirigente della squadra mobile di Trapani. Ma si segue anche una via parallela. Dall'attività investigativa a un certo punto emerge che, un mese prima dell'omicidio, Rostagno si trovava a transitare in prossimità dell'aeroporto abbandonato di Kinisia. Sente un rombo. Non crede ai suoi occhi: sta atterrando un aereo militare. Ha con sé la telecamera e riesce a filmare. Il velivolo viene circondato da autovetture dell'esercito e grossi mezzi dai quali vengono scaricate pesanti casse.

Mentre alcuni uomini ne controllavano il contenuto Rostagno notò un luccichio e sospettò potesse trattarsi di armi. Si recò negli studi televisivi per riversare la cassetta. Lo aveva voluto fare personalmente e aveva confidato ai collaboratori che avrebbe messo in onda un servizio che avrebbe fatto tremare la Nazione. Quella sera non fu trasmesso, e Mauro ripose la cassetta originale nella sua borsa.

Ritorniamo alla scena del delitto: Rostagno è riverso sul volante, la ragazza è rannicchiata in stato di choc. La borsa del giornalista è aperta, il contenuto rovesciato tra i sedili dell'auto.

In questo giallo hanno avuto un ruolo i servizi segreti e la massoneria? Molti lo pensano.

Nella primavera del 2012, presso la Corte d'Assise di Trapani, dove si celebra il processo per l'omicidio (gli imputati sono il boss di Trapani Vincenzo Virga, accusato di essere il mandante, e Vito Mazzara, indicato come uno dei sicari) c'è stato un confronto tra la sorella della vittima, Carla, e l'allora brigadiere dei carabinieri Beniamino Cannas. La donna dichiarò di aver appreso dal sottufficiale dell'Arma, un anno dopo l'omicidio, che Mauro, nell'ambito di alcune indagini giornalistiche sulla massoneria, si era incontrato mesi prima dell'agguato con il boss mafioso Natale Lala di Campobello di Mazara. Carla Rostagno rese le seguenti dichiarazioni: «Cannas mi disse che mio fratello era sconvolto per quello che aveva appreso nell'incontro con Lala e il motivo era riconducibile al centro studi Scontrino». Il centro era la copertura, nei primi anni Ottanta, di sei distinte logge massoniche. Cannas così replica: «Non posso avere detto di questo incontro con Lala perché Rostagno non me lo disse mai, altrimenti l'avrei verbalizzato».

Nell'ultima settimana di maggio del 2012, nell'aula bunker del palazzo di giustizia di Trapani, l'ispettore Biagio Manetto, del gabinetto di polizia scientifica di Palermo, fa la ricostruzione dell'omicidio. Nel delitto i killer spararono con due fucili diversi ma dello stesso modello. Inoltre le armi utilizzate per uccidere Rostagno presentano una certa corrispondenza con quelle impiegate in alcuni omicidi di mafia avvenuti in quegli anni nel trapanese. Qualche giorno dopo l'ex deputato regionale del PCI, Ino Vizzini, rende un'importante deposizione: «Negli anni Ottanta non sapevo che ci fosse un'organizzazione che si chiamasse Gladio, ma era evidente che c'era un'attenzione su di noi comunisti». Lo stesso Vizzini ha più volte ribadito nella deposizione di aver avuto con Rostagno un'intesa, interessi e obiettivi comuni.

Ancora uno sguardo sulla strada nella quale transitava l'auto di Rostagno. Tutto è al buio. Si scoprirà più tardi che il tecnico responsabile della zona è l'autista di Vincenzo Virga, capo del mandamento di Trapani. Otto mesi dopo sarà ucciso anche lui.

Santa Rosalia e la dea Kalì

La comunità tamil a Palermo è la più nutrita dell'Italia. È presente a Palermo dagli anni Ottanta e conta circa seimila presenze. Un folto gruppo è giunto nel capoluogo siciliano per sfuggire alla guerra civile che ha insanguinato lo Sri Lanka. I tamil palermitani non sono molto integrati: comprendono la lingua italiana, ma la parlano con molta difficoltà, tranne rare eccezioni. Ma hanno qualcosa in comune con i palermitani: uno smisurato amore nei confronti della nobile Rosalia Sinibaldi, venerata come Santa Vergine dalla Chiesa cattolica e proclamata patrona del capoluogo siciliano, dopo che nel 1624 salvò i cittadini dalla peste.

Come mai i tamil, di religione induista, venerano santa Rosalia?

Forse perché vedono in lei l'amata dea Kalì? Questa divinità rappresenta anche l'aspetto più aggressivo di Parvati, la moglie di Shiva, una delle divinità del pantheon indiano. È conosciuta come Devi, semplicemente "la dea", ma anche come Sati ("la donna virtuosa"), Durga ("l'inaccessibile"), Jaganmata ("la madre del mondo"). Forse a Palermo ha assunto le fattezze di santa Rosalia?

È cosa nota che tutte le domeniche i tamil si recano sul monte Pellegrino per rendere ossequioso omaggio alla loro venerata. Giunti in prossimità del santuario, salgono gli ultimi gradini in ginocchio con profonda commozione. In particolare, il 4 settembre di ogni anno si vedono molti tamil compiere scalzi la faticosa salita del monte.

A cosa si deve questa sincera devozione?

Secondo alcune testimonianze è da ricollegare a un episodio accaduto nel 1990, quando una bambina precipitò dal secondo piano di una vecchia casa del centro storico e rimase gravemente ferita, priva di sensi. Inspiegabilmente riprese a respirare e si salvò. Il miracolo venne attribuito a santa Rosalia. Altri non sono d'accordo con questa spiegazione e sostengono che il legame con la santa patrona di Palermo abbia origini ben più lontane.

La cosa certa è che a Palermo la comunità tamil ha trovato un luogo sacro dove poter esercitare la propria spiritualità: il monte Pellegrino, una caratteristica montagna calcarea che chiude a nord il golfo di Palermo. In questo luogo magico, da dove lo sguardo può spaziare sul mar Tirreno, i tamil hanno incontrato santa Rosalia, la patrona di Palermo.

I due amici scomparsi

Avevano deciso di prendersi un giorno di vacanza due ragazzini di Casteldaccia, un paese a venti chilometri da Palermo, ma non hanno fatto più ritorno a casa.

Era il 31 marzo 1992, una bella giornata, quella giusta per "fare Sicilia". Niente scuola dunque, ma una spensierata gita al mare.

I due amici comprano panini imbottiti, biscotti, bibite, per un totale di 8000 lire. Non hanno soldi a sufficienza, ma non c'è alcun problema. Dicono al negoziante che poi passeranno i genitori a saldare. La spiaggia dista due chilometri dal paese e chiedono un passaggio a un amico munito di motorino. Questi si offre di passare a riprenderli, ma loro rifiutano e scherzando rispondono: «Non torniamo a casa, vogliamo fare un giro per vedere com'è la vita».

Scherzavano davvero?

Fatto sta che da quel giorno si sono perse le tracce di Salvatore Colletta di quindici anni e Mariano Farina di dodici. Nessuno a Casteldaccia credeva che non avrebbero fatto più ritorno. Tutti pensavano a una ragazzata, una fuga di un paio di giorni, tanto per poi poter raccontare l'avventura.

Non è stato così.

Passano i giorni e in paese non si può fare a meno di ricordare un episodio analogo avvenuto nel 1968, quando sparirono nel nulla tre bambini.

Le ricerche sono state avviate immediatamente: controllate le ville sul mare, le campagne circostanti, sentiti alcuni testimoni.

Rinascono le speranze quando una signora riferisce di averli visti a Bagheria, una città a cinque chilometri da Casteldaccia. Poi la testimonianza di un fruttivendolo, che ricordava i volti dei due ragazzini perché avevano tentato di rubargli delle banane. Altre segnalazioni considerate credibili arrivano da Palermo e Caltanissetta. Si riaccendono le speranze, ma passano i giorni e le ricerche non producono i frutti sperati. Si apre la pista di un probabile sequestro da parte di zingari e i genitori partono per l'ex Jugoslavia, da dove erano arrivate alcune informazioni.

Ma è verosimile che i rom possano avere sequestrato due ragazzini di quella età, abbastanza grandi quindi, e in grado di ribellarsi o chiedere aiuto?

Si ipotizzano nuove piste, come quella del rapimento da parte di organizzazioni criminali per il trapianto di organi.

Le ricerche si espandono a largo raggio, in Europa e persino negli Stati Uniti: la famiglia Farina vi aveva vissuto e Mariano diceva sempre di volere ritornare in America.

Tutto inutile.

Dopo anni di silenzio, nel luglio del 2011 il nuovo proprietario di un villino vicino al mare di contrada Celso scopre casualmente un pozzo nel giardino. È un indizio di fondamentale importanza, in quanto il villino, appartenuto al boss Michele Greco, era stato venduto all'asta dopo che il mafioso era stato condannano all'ergastolo nel maxi-processo del 1992.

Ci si chiese: è possibile che i due ragazzi che avevano marinato la scuola avessero visto qualcosa che non dovevano vedere? Non è una novità che la mafia elimina gente scomoda, e non ha importanza se si tratta di ragazzini. Sul luogo giungono squadre di vigili del fuoco e speleologi. Il pozzo conduceva a un fiume sotterraneo, attraverso un tunnel intasato di detriti.

Ma neanche stavolta sono state trovate tracce dei ragazzini.

Anche se la scomparsa di Mariano e Salvatore, che oggi sarebbero due adulti, è rimasta un mistero, i loro genitori non abbandonano la speranza di potere riabbracciare un giorno i propri figli.

L'agenda rossa del giudice Borsellino

Roma, 26 settembre 2009. I manifestanti alzano al cielo delle agende rosse. Sono più di mille, eppure ne basterebbe una sola, quella originale, per svelare molti misteri italiani. È l'agenda rossa del giudice Paolo Borsellino, scomparsa all'indomani della strage di via D'Amelio.

Che fine ha fatto?

Chi l'ha sottratta dal cassetto della scrivania di Borsellino?

La preziosa agenda conteneva interrogatori ai vari pentiti di mafia. Tra questi la sintesi delle rivelazioni che Gaspare Mutolo gli stava confidando sulle infiltrazioni della criminalità organizzata all'interno della magistratura e del mondo politico, compresi i servizi segreti. Il fratello di Borsellino, Salvatore, ha dichiarato che «non era la mafia a essere interessata a fare sparire l'agenda, perché i mafiosi erano stati già condannati».

Allora chi era interessato a distruggere l'agenda rossa?

Il consulente dell'autorità giudiziaria, Gioacchino Genchi, ha affermato: «Nell'agenda Paolo Borsellino aveva annotato appunti riservati dei colloqui con Gaspare Mutolo, un pentito che per la prima volta stava aprendo scenari inediti sul mondo di Cosa nostra. Era il più stretto collaboratore di Totò Riina. Tutti sono convinti che in quell'agenda ci sia la chiave per capire le ragioni della morte di Paolo Borsellino e forse anche le ragioni della morte di Giovanni Falcone».

Ha rincarato la dose Salvatore Borsellino: «Sono sicuro che nell'agenda c'è pure il contenuto di colloqui che Paolo deve avere avuto con alcuni rappresentanti dello Stato sulla trattativa con la criminalità organizzata. Chi ha fatto sparire l'agenda sono quelle persone che dalle stragi del 1992 e 1993 ne stanno godendo i frutti. Oggi gli equilibri politici, su cui si regge il nostro Paese, sono conseguenza diretta degli omicidi di quel periodo». Parole molto pesanti che stanno a indicare che qualcuno, ad alto livello, abbia voluto fermare l'inchiesta.

Ma il giallo non si conclude qui, perché c'è una seconda agenda, quella elettronica di Giovanni Falcone. Anche questa è stata manomessa e i dati contenuti sono stati cancellati, ma esperti informatici hanno trovato tracce che potevano riportare ai nomi di chi voleva fermare Borsellino.

Due mesi prima di essere ucciso, Paolo Borsellino rilasciò un'intervista a due giornalisti francesi. In Italia sarebbe stata ignorata se uno stralcio non fosse stato trasmesso nel 2000 da Rai News 24.

«All'inizio degli anni Sessanta», dichiarò Borsellino, «Cosa nostra cominciò a diventare un'impresa monopolistica nel traffico di stupefacenti. I capitali venivano esportati all'estero e con gli investimenti si cominciò a seguire una via parallela, e talvolta tangenziale, all'industria operante nel Nord e a inserirsi in modo da potere utilizzare capacità imprenditoriali per fare fruttificare i soldi guadagnati in maniera illecita». Nella stessa intervista Borsellino parlò dei legami tra mafia e ambienti industriali milanesi, facendo riferimento a indagini sui rapporti tra lo stalliere di Arcore, Vittorio Mangano, e Marcello Dell'Utri. Alla domanda se Mangano fosse un punto di riferimento della mafia al Nord, Borsellino rispose che era sicuramente «una testa di ponte dell'organizzazione mafiosa del Nord Italia». Alla domanda più specifica del giornalista francese, se Silvio Berlusconi avesse rapporti con Mangano, Borsellino si astenne dal dare qualsiasi giudizio.

12 luglio 1992. Paolo Borsellino sorseggia un caffè. È pensieroso, da poco ha finito di pranzare a Villagrazia di Carini assieme alla moglie Agnese e i figli Manfredi e Lucia. Saluta i familiari per recarsi, accompagnato come sempre dalla scorta, in via D'Amelio per fare visita alla madre.

Una FIAT 126 è parcheggiata nei pressi dello stabile. Nessuno la nota.

L'utilitaria è carica di un quintale di tritolo. Al passaggio del giudice si sente un boato. L'auto esplode uccidendo, oltre a Paolo Borsellino, anche cinque agenti della scorta: Emanuela Loi, Vincenzo Li Muli, Agostino Catalano, Walter Eddie Cosina e Claudio Traina. Sul luogo i soccorritori troveranno una voragine, fiotti di fumo qua e là che si sprigionano dai rottami, e il silenzio della distruzione, della morte.

In questo scenario di desolazione e sconforto, si ode un fievole lamento. È quello dell'unico sopravvissuto, Antonio Gullo.

La trattativa segreta Stato-mafia

C'è stata davvero una trattativa segreta tra la mafia siciliana e lo Stato?

Sembra fantasia, eppure l'ipotesi è contenuta in un provvedimento di avviso di chiusura d'indagine della Procura di Palermo. L'accordo sarebbe stato siglato a partire dal 1992 con probabili contatti negli anni degli omicidi eccellenti e delle stragi. Si sarebbe trattato di una trama segreta che avrebbe assicurato ai boss mafiosi una linea morbida da parte dello Stato. In particolare ci sarebbe stata una negoziazione: Cosa nostra avrebbe posto fine alla stagione stragista, e in cambio lo Stato sarebbe gradualmente intervenuto per un'attenuazione delle misure detentive previste dall'articolo 41-bis e in generale per un ammorbidimento delle leggi di contrasto alla mafia.

La questione è ancora oggetto di indagini giudiziarie ed è stata dichiarata credibile nella motivazione della sentenza del processo a carico di Francesco Tagliavia per le bombe del 1992 e del 1993. Non è stata dimostrata, ma sono indagati diversi mafiosi: i boss Riina, Bernardo Provenzano, Giovanni Brusca, Bagarella, Antonino Cinà e, dall'altro lato, rappresentanti delle istituzioni, politici di primo piano, ex ministri, funzionari, carabinieri, vertici del ROS e un generale dell'Arma. Tra questi ci sarebbe anche la figura di un mediatore tra la mafia siciliana e i vertici del Governo. Il reato ipotizzato è gravissimo: minaccia al corpo politico dello Stato.

La lista nera è stata ricostruita dai magistrati siciliani ed è il risultato di una complessa attività istruttoria iniziata nella primavera del 2009. Il puzzle è stato completato con un documento del ministero dell'Interno su "Strategie destabilizzanti", diventato pubblico nell'ottobre del 2012, depositato al processo contro il generale Mario Mori, accusato di avere favorito la latitanza di Bernardo Provenzano.

Sulla vicenda nel 2012 si sono appresi nuovi particolari e si è ritenuto che la trattativa fosse iniziata con l'omicidio del deputato europeo, il democristiano Salvo Lima, e fosse andata avanti anche nel periodo in cui furono uccisi Giovanni Falcone e Paolo Borsellino. Quest'ultimo addirittura sarebbe stato assassinato, secondo le rivelazioni dei pentiti, perché si poneva da ostacolo all'accordo tra mafia e Stato. Queste ipotesi sono contenute nelle clamorose rivelazioni di Giovanni Brusca e Gaspare Spatuzza e sono state confermate dal pentito di mafia Gaspare Mutolo. Interrogato al processo Mori, il collaboratore di giustizia in videoconferenza ha ricordato uno sfogo di Borsellino pochi giorni prima di morire nella strage di via D'Amelio: «Ricordo che durante un interrogatorio il dottore Borsellino, mentre parlava nel corridoio con delle persone delle istituzioni, all'improvviso gridò perché era disgustato con personaggi dello Stato in quanto sapeva che c'erano stati contatti. Ho capito che c'era un accordo con mafiosi, che si dovevano dissociare in cambio di una specie di amnistia».

Sulla delicata questione è intervenuto il presidente della Repubblica, Giorgio Napolitano. «Quelle apparse sui giornali sono interpretazioni arbitrarie e tendenziose, talvolta persino versioni manipolate». Questo ha detto il Presidente rispondendo alle indiscrezioni riportate dai quotidiani.

Insomma, uno spaccato inquietante con strascichi anche sulla magistratura, divisa sulla delicata questione.

Il provvedimento, infatti, porta le firme del procuratore aggiunto di Palermo Antonio Ingroia e dei sostituti Nino Di Matteo, Francesco Del Bene e Lia Sava. Non ci sono però le firme del capo della Procura Francesco Messineo, che formalmente non è titolare del procedimento, e di uno dei PM del pool, Paolo Guido.

Siamo dunque di fronte a un conflitto tra poteri dello Stato.

Rimane in sospeso l'interrogativo se davvero lo Stato sia sceso a compromessi con apparati della criminalità organizzata. È però cronaca l'impressionante cronologia sanguinosa degli attentati di quel periodo: si inizia il 12 marzo 1992 con l'omicidio dell'onorevole Salvo Lima a Mondello, il 23 maggio ci fu la strage di Capaci con cinque vittime, il 19 luglio la strage di via D'Amelio (sei le vittime). Il 14 maggio 1993 l'obiettivo è Roma, con il fallito attentato di via Fauro. Il 27 maggio è la volta di Firenze con la strage di via dei Georgofili (cinque le vittime). Il 27 luglio a Milano sono ancora cinque le vittime nella strage di via Palestro. Il giorno dopo, a Roma, due bombe: a San Giovanni in Laterano e a San Giorgio in Velabro. Il 31 ottobre fallito attentato allo stadio Olimpico di Roma. Il 14 aprile 1994 fallito attentato a Formello, a Roma (l'obiettivo era Totuccio Contorno).

Poi, di colpo, tutto cessa misteriosamente.

La misteriosa galleria di Tremonzelli

La Palermo-Catania è un'autostrada che taglia la Sicilia centrale, attraversando Caltanissetta ed Enna, per un tratto complessivo di 191 chilometri. Si diparte dalla circonvallazione di Palermo per giungere a Catania in circa tre ore. Al chilometro 73 si arriva al traforo di Tremonzelli – siamo ancora in provincia di Palermo – e occorrono altri dieci chilometri per entrare nella provincia di Caltanissetta e trenta in quella di Enna. Ma è proprio nell'attraversamento della galleria di Tremonzelli che potrebbe accadere qualcosa di strano, di inspiegabile.

Sono bastati una decina di casi, nell'arco di circa venti anni, per riempire le cronache dei quotidiani e per innescare un dibattito scientifico su alcuni fenomeni che presentano dinamiche abbastanza comuni: tutto il sistema elettrico delle auto è andato in tilt e chi si trovava alla guida ha perso il controllo dell'autovettura. Gli incidenti sono stati inevitabili, ma per fortuna senza gravi conseguenze. Il tratto di strada in galleria è stato monitorato diverse volte dall'Anas, ma i tecnici non hanno rilevato nulla di particolare. Dunque gli incidenti sono da attribuire al caso?

Per il professore Vito Piero Di Stefano, del coordinamento del Centro ufologico nazionale, «potrebbe trattarsi di un fenomeno dovuto a un campo elettromagnetico o a una fonte di calore presente nella zona». Nel 2003 sono stati effettuati appositi lavori per adeguare l'impianto elettrico della galleria alle normative europee. Sono stati effettuati regolarmente interventi di ordinaria manutenzione, ma non sono mancati altri blackout ai danni di autovetture in transito.

Chi volesse provare il brivido della galleria di Tremonzelli può farlo, ma si consiglia di munirsi di bussola. Accadrà questo: all'ingresso in direzione Catania la bussola sembra impazzire. Ma non accade nulla di particolare dentro il traforo. L'ago della bussola si comporta allo stesso modo nell'area sovrastante la galleria, dove si potranno notare uno stabilimento dotato di pannelli solari e vari capannoni industriali dismessi. Ci sarebbe dunque un collegamento tra gli strani blackout segnalati e questa misteriosa fonte di calore presente nel sottosuolo, come ipotizza il Centro ufologico nazionale di Palermo? E se questa sorgente di campi elettromagnetici esistesse davvero, da cosa sarebbe generata?

Ancora non è stata data una spiegazione.

Strani incendi a Caronia

Tutto iniziò nel gennaio del 2004, in una frazione del messinese, Canneto, nel comune di Caronia, dove abitano poco più di centocinquantaquattro anime.

In un fazzoletto di terra, pregna di odore di mare e limoni, prima di quella data si svolgeva una vita fin troppo tranquilla. Poi, la serenità degli abitanti del paesino venne improvvisamente scombussolata da alcuni insoliti fenomeni.

All'inizio si segnalano guasti ai danni di elettrodomestici, e alcune famiglie si rivolgono all'elettricista della vicina Caronia. Due o tre chiamate possono rientrare nella norma. Ma quando diventano decine, significa che c'è qualcosa di strano. Nel mese di gennaio vanno in tilt lavatrici, lavastoviglie, forni elettrici, salta la luce. Si parla di guasti nel circuito elettrico e così interviene l'Enel, che provvede ad alimentare la zona con una centralina autonoma. Nulla da fare, i contatori iniziano a fare strani rumori e a produrre scintille. I tecnici dell'Enel intervengono ancora, e questa volta, per mettersi al sicuro, interrompono l'erogazione dell'energia elettrica. Una verifica che sembra sortire i suoi effetti: per un paio d'ore non succede nulla. È facile arrivare alla conclusione che l'intero circuito deve essere rammodernato.

Ma nei giorni tra il 7 e l'8 febbraio succede il finimondo: decine di contatori vanno in cortocircuito, fili di corrente si carbonizzano, cellulari si mettono in carica automaticamente, chiusure centralizzate di autovetture si aprono da sole. In una abitazione addirittura prende fuoco un divano, in un'altra un materasso. Arrivano i vigili del fuoco, si esclude il dolo e si parla genericamente di autocombustione. Il sindaco del comune di Caronia dispone l'evacuazione e chiede l'intervento della Protezione civile.

Parallelamente a una indagine laica, se ne apre una per così dire ecclesiastica. Arriva un esorcista, dal nome certamente non augurale, padre Gabriele Amorth. È un'autorità nel campo, è presidente onorario dell'Associazione internazionale degli esorcisti. Parla, senza mezzi termini, della presenza del demonio. Bisogna benedire le case. Tutte le famiglie di Canneto, credenti e non, aprono le loro porte per ricevere l'acqua santa.

Si dorme più tranquilli per qualche notte, fino a quando accadono altri fenomeni: contatori che fanno scintille, televisori che si accendono da soli. Nelle campagne si registra una moria di conigli e focolari sparsi carbonizzano piante di palme nane.

È il turno dei medium, che aprono un varco nel campo dei fenomeni paranormali.

A marzo anche la magistratura vuole vederci chiaro, e alcune abitazioni vengono poste sotto sequestro. «Il provvedimento è mirato esclusivamente alla salvaguardia dei cittadini e alla sicurezza delle loro case», si giustifica il pubblico ministero. «L'ipotesi del dolo è stata sollevata, ma mai la Procura l'ha considerata una pista investigativa».

Arriva intanto la relazione tecnica, che fa chiarezza su tutto. È firmata dal dottor Francesco Venerando, coordinatore del gruppo di studio dell'Istituto della Protezione Civile: «Canneto di Caronia è stata colpita da fenomeni elettromagnetici di origine artificiale, capaci di generare una grande potenza concentrata. Fasci di microonde a ultra high frequency compresi nella banda tra 300 megahertz e alcuni gigahertz». La fonte è autorevole e possiede tutti i connotati dell'ufficialità.

Giunge secca però la smentita di una altrettanto accreditata fonte scientifica: l'Istituto Nazionale di Geofisica e Vulcanologia, ricordando che Caronia è vicina alle isole Eolie, sottolinea che «il fenomeno è da attribuire ad attività vulcaniche». Un altro studio fa riferimento a «fenomeni elettrici di origine sotterranea, probabilmente di carattere impulsivo».

È tanto l'interesse che entrano in campo anche gli archeologi. La principessa Yasmin von Hohenstaufen, presidente, archeologa e scienziata, autrice di *Ecofuturism*, a seguito di un sopralluogo, ipotizza l'influenza di «correnti magnetiche sotterranee che innescano un procedimento di fusione a freddo per la presenza di tungsteno e falde acquifere. Da ciò si generano onde e fulmini magnetici». Lo scontro a livello scientifico è acceso. Il caso arriverà in Parlamento.

Nella primavera del 2005 viene istituito il gruppo internazionale per l'osservazione dei fenomeni e in ogni appartamento viene installata una centralina di rilevamento. Su Canneto si accendono i riflettori di tutte le TV del mondo. Il governo per vederci chiaro crea anche una task force con tecnici dell'arma dei carabinieri, aeronautica e marina militare, insieme agli esperti della Protezione civile e a un ricercatore della NASA ingaggiato negli USA.

Poteva mancare, in questo diluvio di notizie, l'ipotesi degli alieni? Si parla, in una relazione riservata, di «avanzate tecnologie extraterrestri». Si fa cenno a esperimenti di alieni. In un rapporto si legge: «Gli incidenti di Canneto di Caronia potrebbero essere stati tentativi di ingaggio militare tra forze non convenzionali oppure un test non aggressivo mirato allo studio dei comportamenti e delle azioni in un indeterminato campione territoriale scarsamente antropizzato». Nel dossier vengono allegate le dichiarazioni di alcuni abitanti di Canneto e Caronia. Testimoni sostengono che da due anni ricevono «la visita non gradita di oggetti volanti luminescenti».

Nella primavera del 2006 un'estesa piantagione di melanzane va a male: i frutti, ben sviluppati, sono di un colore sbiadito con sfumature verdastre. Le analisi di laboratorio non porteranno ad alcuna conclusione. Periodicamente sono state viste luci abbacinanti. Un carabiniere ne è stato testimone e ha presentato denuncia al comando di Santo Stefano Quisquina. Una ragazza del luogo ha addirittura scattato una foto di una inspiegabile luce nel cielo, poi mostrata nei servizi televisivi. Non si escludono operazioni di natura extraterrestre. Pura fantascienza?

La crisi economica colpisce anche il mistero di Canneto e vengono tagliati i fondi per la ricerca scientifica. Molti dicono che sia tutta una scusa e che ci sia stato il diretto coinvolgimento dei servizi segreti.

Una bambina scomparsa nel nulla

Era la mattina del 1° settembre 2004, una bella giornata. Come spesso capitava, la piccola Denise Pipitone giocava all'aria aperta con i cuginetti, in prossimità della propria abitazione di via Domenico La Bruna, a Mazara del Vallo.

Intorno a mezzogiorno la nonna lascia le pentole sul fuoco e va a dare un'occhiata alla nipotina. Denise non c'è, scomparsa nel nulla!

Da quella fatidica data non si hanno più notizie della bambina che avrebbe compiuto quattro anni il 26 ottobre.

Oggi sarebbe una ragazzina come tante altre, e frequenterebbe la scuola media. Ma nell'immaginario della madre, la signora Piera Maggio, rimane scolpito quel viso paffuto, gli occhi a mandorla color cioccolato e quell'aria innocente dell'ultima volta che l'aveva vista.

Per la mamma il tempo si è fermato e rivede la sua piccola come se ancora dovesse frequentare l'asilo. Da quel giorno ha continuato, anche con mezzi personali, la disperata ricerca della figlia in Italia e all'estero. Non si è mai scoraggiata.

Il 26 ottobre 2007, in occasione del settimo compleanno di Denise, Piera Maggio si è incatenata davanti al Quirinale per sollecitare la modifica della legge sul sequestro di minori, ma soprattutto per non fare abbassare la guardia sul fronte delle indagini. La sua protesta purtroppo è servita a poco.

Ma ritorniamo a quella tragica giornata.

Cruciali, soprattutto in questi casi, sono le prime ore d'intervento delle forze dell'ordine. La signora Maggio lo sa e fornisce agli inquirenti un indizio ben preciso, quello circoscritto all'ambito familiare. Il movente, spiega, è la vendetta. In particolare fa il nome della figliastra: Jessica Pulizzi, sorella di Denise per parte di padre. Abita a Mazara con la madre Anna Corona.

Perché la loro casa non viene subito perquisita?

In realtà i poliziotti si presentano nell'abitazione di Anna Corona, suonano il campanello e la signora scende accogliendo gli investigatori nell'appartamento della vicina.

Polizia e carabinieri intanto percorrono varie strade: la pista rom, poi quella dei riti satanici occulti, pedofilia, vendetta familiare. Gli avvocati della signora Maggio sono convinti che qualcuno intralci e depisti le indagini e parlano di «situazioni strane».

Nel maggio del 2005 la svolta investigativa: la sorellastra di Denise, Jessica Pulizzi, viene iscritta nel registro degli indagati. La Procura di Mazara del Vallo apre tre fascicoli nell'ambito di questa delicata inchiesta: uno a carico di ignoti, il secondo a nome della sorellastra di Denise per concorso in sequestro di minore, un terzo per false dichiarazioni al pubblico ministero a carico di Gaspare Ghaleb, ex fidanzato di Jessica.

Nell'aprile del 2012 è entrato nel vivo il processo che si è svolto a Marsala contro Jessica Pulizzi, la madre Anna Corona e Gaspare Ghaleb. Nel giugno dello stesso anno il consulente della Procura marsalese, Gioacchino Genchi, ha riferito particolari sull'esame dei tabulati telefonici relativi alle intercettazioni effettuate nelle fasi delle indagini. Si tratta di telefonate sul cellulare e messaggi inviati da Jessica alla madre Anna Corona (indagata in un secondo filone dell'inchiesta) e ad altre persone. Secondo le testimonianze del perito, sarebbero stati intercettati oltre millecinquecento contatti la mattina del giorno dopo la scomparsa di Denise. Poi di colpo le comunicazioni telefoniche si sono interrotte.

Dal sequestro della piccola Denise si sono avvicendati ben otto pubblici ministeri e ancora non si è arrivati a una svolta.

Al di là dei processi, nessuna traccia di Denise, nonostante siano giunte diverse segnalazioni della presenza della bambina nel Nord Italia. Tutte sono risultate prive di fondamento. In un caso è stata addirittura effettuata l'analisi del DNA su una bambina nomade che somigliava a Denise.

Risultato negativo.

Un tour tra i fantasmi

Anche a Messina, come a Palermo, una villa stile liberty potrebbe essere abitata dai fantasmi. Si tratta di villa Iannello, un'elegante abitazione di fine Ottocento che sorge a Contesse, sull'antica strada romana, vicino alla chiesa Santa Maria della Calispera. L'episodio è stato segnalato nel novembre del 2007, quando un uomo scattò con il telefonino una foto in direzione della scalinata del villino. Sul display compariva una minuta figura vestita di bianco che poteva essere una bambina. La foto, in formato digitale, è stata trasferita al computer e ingrandita: lo spettro vi appariva nettamente. Pare che esperti di ottica abbiano confermato che l'immagine non è stata modificata.

La città dello stretto non è nuova a episodi misteriosi che hanno per protagonisti i fantasmi.

Si potrebbe tracciare una vera e propria mappa di queste eteree presenze che si aggirano qua e là: un vero e proprio tour a caccia di spettri.

Più di una persona si è imbattuta nel "fantasma del mare". Lo si è visto sotto la balaustra della Passeggiata a mare. Si tratta di un soldato in divisa gallonata. È una figura inquietante, che emana uno sgradevole olezzo. Si intrattiene per un attimo con qualche passante e con voce tremula dice: «Guarda come volli rovinarmi!».

C'è un luogo tradizionalmente frequentato da fantasmi, un'amena collina alle spalle dell'ospedale Piemonte.

Qui gli spettri avrebbero trovato casa presso villa Electra. Sono piuttosto spiritosi, non sono cattivi, e amano fare scherzi. Tutti gli abitanti di Camaro San Paolo conoscono bene le storie ambientate nel villino, come quella dei muratori schiaffeggiati senza che vedessero nessuno attorno. C'è chi è stato preso a pizzicotti, chi ha avvertito come delle leggere scosse elettriche, chi è stato innaffiato con goccioline d'acqua, chi ha sentito risolini. Nessuno di loro però ha mai avuto paura. Trattandosi, appunto, di fantasmi docili, da qualche anno i visitatori sono aumentati esponenzialmente, tanto che la casa è stata recintata per impedire l'accesso ai curiosi.

Poi c'è la serie delle scene horror. In via Cesare Battisti, poco prima dell'incrocio con viale Boccetta, secondo alcune testimonianze un uomo è bruciato come una torcia rimanendo del tutto immobile. Più di una volta è stato visto penzolare un impiccato vicino la statua di padre Pio, a monte della chiesa di San Giovanni Decollato. Sia nell'uno che nell'altro caso i testimoni hanno riferito di avere sentito dei pianti. Lungo il corso Cavour, all'altezza del palazzo municipale, è stato segnalato un uomo disteso per terra che chiede disperatamente aiuto, ma quando qualcuno si avvicina svanisce. A ridosso del muro di cinta della fiera, di fronte la chiesa di Porto Salvo, un uomo decapitato tiene la propria testa in mano e la mostra ai malcapitati passanti. Sotto il muro del museo civico, sul viale Annunziata, c'è l'apparizione di un uomo che si conficca un coltello al cuore, cade, e si rialza per pugnalarsi nuovamente. Sulla salita che conduce a Montepiselli, ci si può imbattere nel fantasma di un bambino pallidissimo che si affaccia dal balcone di una casa abbandonata dispensando ai passanti sorrisi e saluti. Si racconta che sia morto da oltre cinquant'anni in circostanze misteriose.

Nello specchio d'acqua di Ganzirri è stata avvistata una barca muoversi senza nessuno a bordo e si sente un rumore di legni e catene.

Ma le storie dei fantasmi coinvolgono anche gli animali, come quella del cane Matteo, imprendibile, sulla scalinata che conduce al dazio. E dove potrebbe aggirarsi un gallo furioso, se non in via Uccelleria?

Tutti fatti raccontati da persone che giurano di avere detto la verità.

Ci si chiede come mai proprio Messina sia teatro di numerosi episodi che hanno per protagonisti gli spiriti.

Sarà solo un caso di suggestione popolare?

Certo, c'è pure chi ne approfitta, e nei luoghi nominati mette in scena l'apparizione di un fantasma, così, tanto per burlarsi dei passanti.

La casa bollente di Riesi

Un pavimento in ebollizione non è cosa di tutti i giorni. Accade a Riesi, un comune di circa dodicimila abitanti nella provincia di Caltanissetta, nella Sicilia centrale, in prossimità della valle del fiume Salso.

Rimane un mistero il surriscaldamento del pavimento di una palazzina di via Mazzini che ha raggiunto una temperatura di 100 °C: un calore che si diffondeva in tutto l'appartamento e che proveniva da sotto terra. L'acqua di una pentola semplicemente posata sul pavimento arrivava immediatamente a ebollizione.

L'episodio si è registrato nella primavera inoltrata del 2009 e fino a ora non ha avuto una spiegazione plausibile. Scavi, misurazioni, monitoraggi, rilievi, non hanno chiarito l'origine dell'inferno che si è scatenato nella casa di via Mazzini. Il sindaco ha coinvolto esperti per fare luce su questo singolare episodio. Sul luogo sono intervenuti i vigili del fuoco, studiosi del centro di geofisica e vulcanologia di Palermo, tecnici dell'Enel e della Siciliana Gas. La zona è stata transennata e sono stati anche effettuati una serie di scavi per verificare eventuali cortocircuiti. Oltre settanta ore di monitoraggio non hanno consentito di chiarire la natura di tale fenomeno.

Molti residenti dei paraggi sono evacuati volontariamente dopo che si era diffusa la voce di emissioni di vapore provenienti dalla strada. A seguito di altri sopralluoghi sono state escluse fughe di gas o guasti legati all'alta tensione: i "vapori" che si spargevano nell'area non erano altro che polvere sollevata dai mezzi che lavoravano in zona.

Quando tutto si è normalizzato, è rimasto un alone di mistero su questa storia che nemmeno il comitato tecnico scientifico, riunitosi appositamente, è riuscito a chiarire.

L'anno precedente, nella collinetta nissena di Sant'Anna si era aperta una voragine con una copiosa fuoriuscita di gas, ma l'episodio di Riesi non è stato comparato a questo fenomeno e nemmeno agli episodi registrati a Canneto di Caronia.

Per l'Agenzia ambientale della regione la causa del surriscaldamento potrebbe essere stata un eccessivo accumulo di calce sulla superficie dell'appartamento di via Mazzini. Il materiale impiegato per la pavimentazione a contatto con l'acqua avrebbe generato il calore. Ma secondo altri tecnici non si può spiegare un surriscaldamento tale da raggiungere addirittura i 100 °C. Nella relazione finale, redatta dall'Istituto di geofisica e vulcanologia di Palermo, veniva esclusa qualsiasi fenomenologia naturale che possa avere scatenato l'aumento anomalo della temperatura.

Un analogo episodio, ma con temperature decisamente inferiori, si è verificato nella pavimentazione di un immobile limitrofo. Anche in questa circostanza il tutto appariva inspiegabile. Né vigili del fuoco, né ingegneri o geologi hanno finora saputo fornire una dettagliata documentazione scientifica che spieghi il fenomeno.

Il record di bambini scomparsi

Nel primo trimestre del 2011 la regione siciliana fa registrare un record negativo: quello del maggior numero di bambini e adolescenti scomparsi in Italia. A fare lievitare il dato contribuiscono i minori extracomunitari che a migliaia arrivano sulle coste siciliane e che poi si disperdono. Ma anche se si fa riferimento agli anni precedenti, l'isola si trova sempre tra le prime regioni di questa drammatica graduatoria.

Si tratta di fughe, oppure di sequestri?

A lanciare l'allarme era stato, nella primavera del 2009, il procuratore di Agrigento, Renato Di Natale, che aveva dichiarato alla stampa: «Abbiamo accertato casi in cui minori extracomunitari che arrivano in Sicilia, dopo l'inserimento nelle comunità alloggio spariscono senza lasciare traccia». Lo diceva con particolare amarezza in quanto pochi giorni prima erano stati liberati dalla squadra mobile tre immigrati minorenni sequestrati dalla malavita egiziana. Grazie a questa operazione, si era fatta luce su un traffico di minori extracomunitari. La polizia aveva fatto irruzione in contrada Poggio Muscello, nell'area commerciale di Agrigento, ponendo fine all'incubo dei ragazzini e arrestando i responsabili.

Si era trattato di un fenomeno locale oppure era solo un ramo di una fitta organizzazione internazionale dedita al traffico di minorenni? Nel caso specifico pare si trattasse di un vero e proprio sequestro con richiesta di riscatto ai familiari.

Tuttavia in Sicilia il fenomeno è in espansione, considerato l'alto numero delle denunce. Sono allontanamenti volontari, ma quando si tratta invece con ogni probabilità di un sequestro, sorge una domanda inquietante: qual è il destino riservato a questi poveri bambini? La casistica è abbastanza ampia: si va dall'accattonaggio, una tipologia di reato legata allo sfruttamento dei minori, alla pedofilia, allo sfruttamento della prostituzione o addirittura al traffico d'organi.

Non sono assolutamente sufficienti i controlli di identificazione dei bambini nei porti, negli aeroporti e nelle stazioni ferroviarie: la portata del fenomeno sfugge alle stesse autorità.

Tra i giornalisti siciliani circola voce che vi siano numerosissime scomparse di minori che non rientrano nelle statistiche ufficiali. Sono casi che non vengono alla luce.

Per tornare alle cifre, nel primo trimestre del 2011 in Sicilia il numero dei bambini scomparsi è di trentotto, di cui undici italiani. Dati che sono aumentati di anno in anno. L'aspetto ancora più drammatico è che questi sono i numeri ufficiali, ma pare che il dato reale sia di gran lunga superiore.

C'è tanta negligenza nei controlli, e questo non incoraggia forse il traffico di minori? Come mai non si ha un occhio di riguardo nei confronti dei bambini, considerando che solo nei primi mesi del 2011 a Lampedusa sono sbarcati circa milleseicento minori non accompagnati?

La strana corsa degli orologi

C'è un episodio curioso che va raccontato poiché simboleggia in pieno un particolare aspetto della cultura siciliana. Anni fa una scuola catanese organizzò un gemellaggio scolastico con un pari istituto di Monaco. Gli studenti tedeschi arrivarono in Sicilia alla fine di aprile e trovarono calda accoglienza e una splendida settimana di sole. Erano accompagnati da professori e da una preside molto rigorosa, che solo dopo cinque giorni di studi finalmente acconsentì a una gita al mare per un rilassante bagno a Taormina, ma a condizione che ci fossero tutti, studenti e professori. Alla vigilia del grande giorno, la preside tentò di concordare l'ora di partenza con il preside catanese. Quest'ultimo, con fare cerimonioso, disse che i siciliani sarebbero passati a prenderli in albergo. La preside ringraziò della gentilezza, ma si stupì quando il collega indicò l'ora: «Tenetevi pronti», comunicò in un inglese stentato, «tra le nove e le dieci». La preside non capì, pensò si trattasse di una incomprensione linguistica e chiese conferma: «Alle nove o alle dieci?». La professoressa d'inglese, che faceva da interprete, ribadì: «Tra le nove e le dieci». La preside tagliò corto: «Bene, allora vi aspettiamo alle 9.15!». Questo episodio la dice lunga sulla puntualità dei siciliani.

Da lì a poco – esattamente nel giugno del 2011 – si registrò un misterioso fatto nell'isola, che almeno per un po' corresse il vizietto siciliano dell'ora orientativa.

Per circa una settimana tutti gli orologi elettrici del catanese impazzirono: andavano molto più in fretta riuscendo addirittura ad anticipare di circa venti minuti. Un fenomeno davvero inspiegabile, tanto da suscitare la curiosità dei tecnici. Sul caso si aprì una discussione a livello planetario. La notizia, diffusa da due periti informatici, Andrea De Luca e Francesco Nicosia, rimbalzò con clamore nel mondo della rete. Intanto trovò conferma in centinaia di catanesi, i quali verificarono che i propri orologi andavano di un buon quarto d'ora in avanti, e poi suscitò la curiosità degli scienziati. Scesero in campo anche ufologi, i quali parlarono di presenze aliene tra le isole Eolie e la fascia tirrenica. Alcuni studiosi ipotizzarono l'influenza di campi elettromagnetici attivati dal vulcano Etna, altri pensarono a effetti di venti solari, ma quest'ultima tesi venne esclusa in quanto il fenomeno era limitato alla piana di Catania. Correvano anche le radiosveglie, gli orologi dei forni a microonde e altri elettrodomestici dotati di timer digitali. Una risposta più convincente venne dai ricercatori del dipartimento di geofisica e vulcanologia dell'università di Catania, che spiegarono che in rete sono presenti dei generatori di energia, come gli impianti fotovoltaici, che spesso vanno in tilt. Quindi eventuali variazioni di frequenza non vengono compensate in maniera adeguata.

Ma un'altra ipotesi plausibile poteva essere l'influenza dei lavori di un cavo elettrico sottomarino, che avrebbe causato improvvisi sbalzi di corrente elettrica. Dunque si sarebbe trattato di campi elettromagnetici fuori controllo. Queste ultime ipotesi crollarono quando il fenomeno si allargò a vari altri punti della Sicilia. Allora si ritornò a parlare di "tempeste solari".

Tuttora non è stata scoperta la vera causa della fretta degli orologi digitali. Un effetto temporaneo sulla vita quotidiana dei siciliani fu di certo sicuro: per una settimana arrivarono puntuali agli appuntamenti, avendo un margine di tempo che oscillava tra i quindici e i venti minuti, salvo chi buttò giù dalla finestra l'orologio che faceva le bizze.

L'efferato delitto del senatore Corrao

Il sogno Mediterraneo è l'ultima testimonianza del senatore Ludovico Corrao. Pubblicato dall'editore alcamese Ernesto Di Lorenzo, il volume rappresenta un memoriale a forma d'intervista, curata da Baldo Carollo.

Il senatore Corrao ha scritto delle pagine importanti della storia siciliana del Novecento ed è stato l'artefice della rinascita di Gibellina dopo il terremoto. È stato assassinato il 7 agosto 2011, sgozzato con diverse coltellate inferte dal suo badante, Saiful Islam, originario del Bangladesh. La vittima presentava anche vistose ferite alla testa e tagli ai polsi. Un omicidio raccapricciante, sulle cui modalità qualcuno ha voluto vedere segni precisi del rituale di sacrificio.

Laureatosi in giurisprudenza, Corrao iniziò l'attività politica nelle ACLI. Nel 1955 venne eletto deputato all'Assemblea regionale siciliana nella lista della Democrazia cristiana. Nel 1958 seguì Silvio Milazzo nella scissione dalla DC, e nel nuovo governo regionale assunse la carica di assessore ai Lavori pubblici. Fu uno dei teorici del milazzismo, con la formazione di un governo che mise insieme le correnti più liberiste di tutti i partiti pur di portare avanti le politiche impetuose di liberazione e di autonomismo della Sicilia.

Nel 1959 fu rieletto nell'Unione siciliana cristiano-sociale. Divenne nuovamente assessore a fianco di Milazzo nei due successivi governi, prima ai Lavori pubblici e poi all'Industria e commercio. In questo ruolo coinvolse Enrico Mattei con l'Eni che andava a rompere il monopolio delle "sette sorelle". Dal 1960 al 1962 fu anche sindaco di Alcamo.

Terminata l'era del milazzismo, si avvicinò alla sinistra. Nel 1963 venne eletto deputato alla Camera, come indipendente nella lista nel PCI. Nel 1965 balzò alle cronache nazionali nelle vesti di legale di parte civile di Franca Viola, la prima donna in Sicilia a ribellarsi al matrimonio riparatore dopo che era stata sequestrata dal mafioso Filippo Melodia. Nel 1968 fu eletto senatore della Repubblica e aderì al gruppo degli Indipendenti di sinistra.

Sindaco di Gibellina per ventisei anni, viene ricordato come l'artefice della ricostruzione dopo il terremoto. Fu l'inventore del Museo delle Trame Mediterranee a Gibellina, per il quale raccolse preziosi reperti: tutto quello che rappresentava l'identità dell'area mediterranea in un contesto che immaginava di pace e splendore. La sintesi della sua variegata attività culturale fu la nascita della fondazione Orestiadi di Gibellina di cui diventò presidente nel 1992.

Venne rieletto senatore nel 1994 e nel 1996 nelle file del PDS. Nel 2001, dopo lo strappo con l'Ulivo, si candidò al senato per Rifondazione comunista ma rimase fuori dall'assemblea regionale.

Nel 2005 l'ultimo incarico ufficiale gli viene affidato dal presidente della Regione Salvatore Cuffaro: lo nomina responsabile della gestione della "Casa Sicilia" nella sede tunisina della fondazione.

Negli ultimi anni di vita si stabilirà a Gibellina con impegni saltuari in ambito culturale. Ed è proprio qui, all'età di ottantaquattro anni, che viene ucciso.

La mattina del 7 agosto i carabinieri ricevono una telefonata: la voce è confusa, impastata. È quella del bengalese Saiful Islam che lo accudiva da due anni.

Davanti agli occhi dei militari si presenta una scena raccapricciante: Corrao è bocconi, con un ampio squarcio alla gola provocato da arma da taglio, sfregi alle braccia, polsi sanguinanti e una ferita alla testa.

Le modalità dell'efferato delitto sono chiare: la furia di Saiful si è accanita sul corpo di Ludovico Corrao con una violenza inaudita. Una morte pasoliniana.

Ma rimane misterioso il movente.

Si parla di delitto passionale, che per la verità non convince molto le persone più vicine al senatore.

«Corrao era un uomo stanco», dicono, «provato da lunghe malattie e con problemi di deambulazione. Il ragazzo era stato vicino a lui in modo affettuoso perché lo aiutava. Era per lui come la sua ombra. Una settimana prima il senatore gli aveva regalato un computer e occhiali da sole di marca per il ventunesimo compleanno. Saiful si presentava con un carattere mite, umile, con il saluto a palme incrociate, sempre disponibile, gentile. Evidentemente nascondeva una personalità doppia».

Si trattò solo di follia? Oppure qualcuno avrebbe potuto spingere l'extracomunitario a compiere il delitto?

Nell'aprile del 2012 il GIP del tribunale di Marsala, dopo avere vagliato le risultanze delle perizie, dispone la scarcerazione di Saiful Islam e il trasferimento in un'adeguata struttura psichiatrica.

La figlia di Corrao, Francesca, che con il padre condivideva i lavori alle Orestiadi, ha dichiarato di perdonare il giovane, avendo pietà della sua follia e sostenendo che certamente questo sarebbe stato il desiderio del padre.

Ma sugli squilibri psichici di Saiful Islam, di cui nessuno si sarebbe accorto prima, aleggia ancora il mistero.

Fantasmi al palazzo di giustizia di Palermo

Una sera del dicembre 2011 al palazzo di giustizia di Palermo accadde un fatto strano.

A testimoniare la comparsa di "presenze anomale" sarebbe stato un carabiniere del turno nella vigilanza notturna.

I fatti sono contenuti in un rapporto, inoltrato ai superiori, nel quale egli afferma di avere visto una figura aggirarsi tra i lunghi corridoi. Secondo il militare dell'arma, poteva trattarsi di una donna vestita di bianco con una sciarpa rossa che le avvolgeva il collo.

Il fatto strano è che quando il carabiniere cercò di avvicinarsi, la persona sospetta sarebbe sparita in un'area in cui non c'erano vie d'uscita. La relazione è stata anche firmata da due colleghi del carabiniere che avrebbe notato l'eterea figura. Questi ultimi avrebbero solo sentito dei passi concitati provenire dal corridoio.

Le approfondite ricerche che sono scattate a seguito della denuncia non hanno portato ad alcun esito.

Si è trattato di un fantasma, rigorosamente vestito di bianco come si conviene agli spettri?

Sta di fatto che, dopo questo episodio, un fascicolo è scomparso da una stanza del palazzo.

C'è lo zampino della mafia in questa strana vicenda?

Non ne sono molto convinti gli inquirenti, i quali hanno tenuto a precisare che nell'area in cui è avvenuto il presunto incontro, cioè al pianterreno, non ci sono uffici che si occupano di criminalità organizzata.

Sull'episodio gli investigatori hanno tenuto un atteggiamento di rigido riserbo. Nelle dichiarazioni ufficiali rese alla stampa si sono limitati a dire: «Probabilmente la guardia ha avuto la sensazione di vedere o forse è stato ingannato da qualcosa che a distanza sembrava una persona».

E il fascicolo scomparso?

Pochi giorni prima si era registrato un altro fatto che aveva messo in allarme gli uffici giudiziari: era stata scoperta una probabile intrusione nell'ufficio della dottoressa Lia Savia. Qualcuno aveva tentato di mettere una microspia, ma il progetto era stato sventato.

Il palazzo di giustizia di Palermo è un edificio in stile razionalista, tipico del periodo fascista. Venne progettato dagli architetti Rapisardi negli anni Trenta. La costruzione iniziò nel 1938, ma a causa della guerra i lavori vennero sospesi. Ripresero negli anni Cinquanta per essere ultimati nel 1957. Per la costruzione dell'edificio venne abbattuto il bastione di Aragona nel quartiere Capo e alcune costruzioni adiacenti. Tra queste lo stabilimento Gulì, costruito nel 1882.

Ebbene, qualcuno ha affermato che le demolizioni avrebbero infastidito i vecchi proprietari dello stabilimento. Così quello che si aggirava tra le stanze dell'edificio sarebbe stato un loro rappresentante che, a distanza di oltre duecento anni, voleva manifestare la sua disapprovazione. Un modo romantico per scrollarsi di dosso l'imbarazzo per qualche documento che di tanto in tanto sparisce dal palazzo di giustizia palermitano.

Avvistamenti UFO nel palermitano

C'è una mappa particolare della regione siciliana punteggiata da palline verdi. Si tratta di avvistamenti di oggetti volanti non identificati. Le segnalazioni sono a migliaia. Il Centro ufologico nazionale ha vagliato scrupolosamente le denunce, selezionando quei casi considerati di «una certa validità».

Nel 2010 si sono registrati centocinquantuno avvistamenti. Ma un vero e proprio picco si è registrato nel 2011, con oltre duecento avvistamenti. La massima concentrazione si è avuta nella provincia di Palermo. È proprio il 2011 l'anno tenuto sotto osservazione non solo dagli esperti di ufologia, ma anche dagli ambienti investigativi. In particolare vengono studiati i tre mesi estivi, quando si è verificato il parossismo.

Si inizia da Partinico il 14 giugno tra le ore 21.00 e le 22.00 con una testimonianza accompagnata da un filmato di tre minuti. Si vede un oggetto luminoso di forma sferica, colore bianco lattiginoso con sfumature gialle e rosse, magnitudo simile a quella del pianeta Giove. Si muove in direzione ovest-est con velocità elevata.

A Petralia Sottana, sul versante meridionale della catena delle Madonie, lo stesso giorno e alla stessa ora viene osservato un oggetto luminoso che scompare dietro le montagne di Pizzo Catarineci, in direzione di Geraci Siculo. Qui la testimonianza è data da una sequenza fotografica.

A Palermo invece, il 15 di giugno, viene fotografata una porzione di cielo illuminata da un gioco di luci. La stessa immagine appare in un'altra fotografia scattata in provincia. Si notano delle sagome circolari dotate di un razzo propulsivo. Hanno la forma di ombrelloni.

Il 20 giugno alle ore 21.30, sempre a Palermo, molti testimoni affermano che in direzione di piazza Indipendenza si notava una luce rossa a intermittenza che si spostava senza una rotta ben precisa. E ancora a Palermo, il 1° luglio, è stato ripreso un oggetto luminoso, tra le 21.00 e le 22.00, che si muoveva da ovest verso est a una velocità elevata ma costante. Aveva una forma globulare, con una luce che sfumava dal viola al verde.

A Partinico, il 3 luglio, viene avvistato e ripreso un oggetto luminoso. I colori vanno dal bianco al verde con riflessi rossicci. Numerosi testimoni lo descrivono a forma di ombrello. Nella stessa tarda serata, tra Isola delle Femmine e Capaci, un automobilista rischia di schiantarsi contro un muro perché viene abbagliato da un susseguirsi di luci strane. Ne ha contate sei. Subito dopo ha visto un elicottero volteggiare nei paraggi. Altri avvistamenti vengono riportati a Bocca di Falco, nell'area del vecchio aeroporto di Palermo: il 4 e il 5 luglio si staglia nel cielo una luce forte a intermittenza con tonalità rossastre.

Due giorni dopo, tra la zona di Bocca di Falco e Casteldaccia, un pilota di aerei civili scatta alcune foto che raffigurano oggetti in una porzione di cielo annuvolata. La luminosità è fortissima. L'oggetto non identificato di colpo sembra spegnersi e perdere quota. Di fronte a questa immagine, il pilota, che si trova assieme alla sua ragazza, è sicuro che un elicottero sia precipitato. Ma improvvisamente l'oggetto schizza in aria con una accelerazione impressionante. In mezzo alle nuvole si spegne, ricomincia a muoversi a foglia morta, ripiomba verso terra e nuovamente schizza verso l'alto. Il pilota telefona alle forze dell'ordine, ma ottiene risposte molto vaghe, così decide di telefonare all'aeroporto militare di Birgi, a Trapani, comunicando nei dettagli l'avvistamento. Anche qui non prendono sul serio la cosa. Il pilota ha il tempo di ritornare a casa, prendere la macchina fotografica e scattare alcune foto. Si aggiungono altri testimoni. Da Bocca di Falco l'oggetto sembra muoversi per diversi chilometri sino a Casteldaccia, dove si blocca – dirà il pilota – come se il velivolo avesse sbattuto contro un muro invisibile. Quindi ciondola in aria e schizza verso l'alto come se fosse stata sparata una cannonata; infine si dilegua. Questo è l'episodio più eclatante.

Ad Altavilla Milicia, un comune palermitano in posizione panoramica a settantatré metri sul livello del mare, una decina di persone alle ore 20.00 del 10 luglio noterà delle luci che si ricongiungono e scompaiono, allontanandosi ad alta velocità in direzione di Capo Zafferano. Due ore dopo la scena si ripete e questa volta viene filmata. In particolare viene vista una palla illuminata con una serie di raggi colorati. Un cameraman di Mediaset nota, in perpendicolare alla pista dell'aeroporto Falcone Borsellino, una luce strana e abbastanza luminosa, immobile. Il cameraman accosta in un'area di sosta e osserva l'oggetto luminoso a circa seicento metri di quota. È grigio scuro sulla cupola, luminoso nella parte inferiore. Improvvisamente schizza verso l'alto a una velocità impressionante. Nella stessa zona, vicino a Capaci, viene fotografata una sequenza di movimenti di un oggetto che dalla direzione nord cambia traiettoria spostandosi repentinamente verso est, per poi ritornare indietro in direzione della cittadina.

Ancora a Palermo, il 14 luglio, si registra una situazione molto strana. «C'era vento di maestrale», racconta Vito Piero Di Stefano, «mia moglie mi chiama perché ha notato dal balcone una luce bianca molto forte che da sinistra si sposta verso destra controvento in maniera molto rapida. Subito dopo si accendono luci rosse e giallastre che salgono in linea verticale e alcune seguono una direzione controvento. Abbiamo escluso che si potesse trattare di lanterne cinesi. Mentre le nuvole andavano da una parte, le luci seguivano un percorso contrario». Questo gioco di luci proseguirà per più di un'ora, in cui si alterneranno una serie di colori sfavillanti. E ancora, due giorni dopo, viene notato un bagliore nella zona di corso Pisani. Il 18 luglio su Montelepre, in una collina nell'entroterra palermitano, si ripete lo stesso fenomeno.

Ancora un avvistamento il 24 luglio a Palermo, nell'area di via Olio di lino e in direzione della discarica di Bellolampo. Una luce saliva e scendeva.

Il 31 luglio a Carini, dopo cena, un ragazzo nota una strana luce, e questo stesso fenomeno si ripeterà il 4 agosto. Il misterioso oggetto, dal colore giallo intenso, dapprima è fermo; poi sparisce improvvisamente.

Il 13 agosto un velivolo grigiastro e di grosse dimensioni taglia il cielo orizzontalmente.

A metà agosto, ancora nella zona di Bocca di Falco, c'è una testimonianza filmata dell'avvistamento di una sequenza di tonalità di luci verde, violetto, blu e rosso.

Si tratta di un numero enorme di avvistamenti, catalogati dal Centro ufologico. Molti di questi rapporti sono noti alle prefetture e ai comandi militari. Il Centro ufologico tiene a precisare che sono stati scartati tutti i casi considerati poco credibili.

Un dato costante di tutti questi avvistamenti è la presenza di elicotteri che volteggiano in zona.

Un terremoto anomalo

Il 13 aprile 2012, alle ore 8.21, una scossa sismica fa tremare la terra nell'area del golfo di Castellammare. I sismografi del Centro Ettore Majorana di Erice registrano una magnitudo pari a 4,3 gradi Richter. Il sito dell'Istituto nazionale di geofisica e vulcanologia segnala una seconda scossa, tre minuti dopo, di più lieve entità. L'epicentro è individuato a trenta chilometri dalla costa tra l'isola di Ustica e il capoluogo siciliano. Nelle scuole delle province di Trapani e Palermo scatta il piano d'evacuazione. Poi molti sindaci, sollecitati dalla Protezione civile, ordinano la chiusura degli edifici pubblici. La scossa viene avvertita soprattutto ai piani alti della città di Palermo, provocando il panico e spingendo molti a fuggire in strada. I centralini dei vigili del fuoco e della questura sono intasati.

Ma non si è trattato di un vero e proprio terremoto: alcuni geofisici parlano di «scosse sismiche anomale». Più tardi si apprende che nella stessa mattinata forze navali dell'Alleanza Atlantica operavano nel basso Tirreno. C'è un legame di causa-effetto tra queste esercitazioni militari e i movimenti sismici?

In una nota ufficiale la NATO comunica: «Saranno circa duemilacinquecento i militari di undici Paesi NATO impegnati nella Proud Manta 12, la più grande esercitazione annuale inerente la lotta anti-sommergibile organizzata dall'Alleanza. L'esercitazione avrà luogo nel mar Ionio a sud-est della Sicilia». Prenderanno parte alle operazioni cinque sommergibili, quindici assetti aerei marittimi con elicotteri, dodici unità navali di superficie. Le forze navali provengono da: Canada, Francia, Germania, Grecia, Italia, Olanda, Norvegia, Regno Unito, Spagna, Stati Uniti e Turchia, con l'aggiunta di una unità per le ricerche scientifiche della NATO. L'esercitazione ha come obiettivo quello di dimostrare la volontà dell'Alleanza di mantenere un'elevata capacità non solo nella lotta anti-sommergibile ma anche nella lotta anti-superficie, nella sorveglianza in ambiente costiero e in altre analoghe operazioni marittime attraverso l'esercizio del coordinamento di equipaggi di unità aeronavali e sommergibili multinazionali. Sono state pianificate oltre cento missioni aeree. La "Proud Manta 12" sarà condotta sotto la responsabilità dell'ammiraglio di squadra Rinaldo Veri, comandante del comando marittimo alleato di Napoli». Questa la versione ufficiale dei fatti.

Sembra però che parallelamente sia stata condotta un'operazione segreta: alcuni sommergibili statunitensi a propulsione nucleare si sarebbero spostati a ridosso delle faglie sismiche del basso Tirreno, proprio sopra numerosi vulcani sottomarini.

Rimane un mistero se ci sia un collegamento tra le esercitazioni militari e questo terremoto, definito «anomalo».

Uno tsunami nel Tirreno

Intorno alla metà di luglio del 2012 in prossimità delle coste a nord della Sicilia è accaduto un fatto molto strano: si è registrata, per qualche ora, una significativa variazione del livello del mare. Non ci sono stati danni e all'inizio la notizia, diffusa dai social network, sembrava una bufala estiva.

Invece non era uno scherzo.

Il fenomeno, notato da numerosi bagnanti, è stato registrato dalla rete mareografica italiana gestita dall'Istituto superiore per la sicurezza ambientale e anche dalla Stazione mareografica di Anzio.

Gli strumenti hanno rilevato una variazione del livello del mare da venti a trentacinque centimetri.

Di che cosa si è trattato?

Gli esperti dell'Istituto nazionale di geofisica e vulcanologia hanno escluso che il fenomeno sia stato provocato da un'attività sismica o vulcanica. L'ipotesi più accreditata è che l'innalzamento delle acque sia stato causato dall'influsso di una perturbazione atmosferica di origine nord-africana. Altri studiosi invece hanno parlato di un «mini tsunami».

È un'ipotesi plausibile?

Ricordano che «uno tsunami è possibile anche nel Tirreno e se ne sono registrati diversi nell'ultimo secolo, in particolare in conseguenza di terremoti come quello disastroso all'inizio del Novecento che devastò Messina. Ma negli ultimi decenni si sono verificati anche altri fenomeni dovuti a fattori diversi da scosse di terremoto. Le conoscenze attuali hanno accertato la possibilità di meteo-tsunami dovuti a particolari configurazioni meteorologiche».

Il fenomeno non si è verificato in un'area circoscritta, ma addirittura è stato avvertito persino in Liguria, e dunque ha coinvolto tutto il mar Tirreno.

L'innalzamento del livello del mare è abbastanza frequente nel canale di Sicilia, dove prende il nome di "marrobbio" ed è associato a particolari condizioni meteo-climatiche. Non era invece mai capitato, eccetto che in occasione del terremoto di Messina, che il fenomeno interessasse una così vasta area.

Per l'occasione le autorità marittime hanno diffuso un bollettino: «In presenza di eventi analoghi, anche di limitata entità, è consigliabile darne notizia alle capitanerie di porto e allontanarsi dalla spiaggia, portandosi verso aree più elevate».

Altro particolare: poche ore prima dell'evento si era verificata una scossa di magnitudo 4 al largo del golfo di Napoli.

La direzione del settore Rischi naturali della Protezione civile ha ammesso che «serviranno studi molto approfonditi per capire bene quello che è successo. Di certo è stato registrato un moto ondoso anomalo che si è sovrapposto a uno di marea».

Ringraziamenti

Si ringrazia per la preziosa collaborazione: Vita Iracani (professoressa di lingue), Paolo Arena (professore-regista), Raffaella Turco (guida naturalista), Deborah Piredda (archeologa), Fabio Stassi (scrittore), Filippo Cangemi (medico), Caterina Verghetti (insegnante), Giuseppe Bruccoleri (teologo), Francesco Ghidetti (giornalista), Baldo Carollo (storico), Ernesto Di Lorenzo (editore), Michela Gesù (biologa genetista), Calogero Ciaccio (ematologo), Giuseppina Piazza (ematologa), Leonardo Lo Jacono (economista), Francesco Di Pasquale (fotografo), Francesco Italiano (geologo), Luciano La Piana (esperto informatico), Centro ufologico nazionale di Palermo e Marco nonostante i suoi brontolii.

Bibliografia

Archivio del «Giornale di Sicilia»
Archivio de «La Sicilia»
Archivio de «La Stampa»
Archivio di Stato di Palermo
Archivio storico del Comune di Palermo

ALBERTO ARECCHI, *Atlantide. Un mondo scomparso, un'ipotesi per ritrovarlo*, Liutprand, Pavia 2001.

MARIANNA BARTOCCELLI e FRANCESCO D'AYALA, *L'avvocato dei misteri. Vita segreta di Vito Guarrasi*, Castelvecchi, Roma 2012.

ATTILIO BOLZONI e GIUSEPPE D'AVANZO, *Il capo dei capi. Vita e carriera criminale di Totò Riina*, Rizzoli, Milano 2007.

GIUSEPPE BUFFA-ARMETTA, *Carini: note storiche*, Tipografia Fr. Lugaro, Palermo 1925.

GIUSEPPE CASARRUBEA, *Portella della Ginestra, microstoria di una strage di stato*, Franco Angeli, Milano 1997.

FILIPPO COARELLI e MARIO TORELLI, *Guide archeologiche. Sicilia*, Laterza, Roma-Bari 2008.

MATTEO COLLURA, *Sicilia sconosciuta*, Rizzoli, Milano 1984.

VINCENZO CONSOLO, *Retablo*, Sellerio, Palermo 1987.

LUDOVICO CORRAO e BALDO CAROLLO, *Il sogno Mediterraneo*, Ernesto Di Lorenzo, Alcamo (TR) 2010.

SALVATORE COSTANZA, *La Patria Armata*, Corrao, Palermo 1989.

ALBA DRAGO BELTRANDI, *Castelli di Sicilia*, Brancato editore, San Giovanni La Punta (CT) 2000.

GIORGIO FRASCA POLARA, *La terribile storia dei frati di Mazzarino*, Sellerio, Palermo 1989.

FRANCESCO GIORDANO, *Horatio Nelson e la Sicilia*, La Fenice, Catania 2002.

CARLO LEVI, *Le parole sono pietre*, Einaudi, Torino 1957.
GIOVANNI MACCHIA, *Il principe di Palagonia. Mostri, sogni, prodigi nelle metamorfosi di un personaggio*, Mondadori, Milano 1979.
DACIA MARAINI, *La lunga vita di Marianna Ucria*, Rizzoli, Milano 1991.
GIUSEPPE CARLO MARINO (a cura di), *'68: Terremoto in Sicilia*, Ando, Palermo 1968.
NELLO MORSELLINO, *Giuseppe Garibaldi: fu vera gloria?*, Sarograf, Alcamo (TR) 1990.
LUIGI NATOLI, *I Beati Paoli*, Flaccovio, Palermo 1988.
SAMUELE NICOSIA, *Notizie storiche su Chiaramonte Gulfi*, ed. Piccitto e Antoci, Ragusa 1888.
ARRIGO PETACCO, *Joe Petrosino. L'uomo che sfidò per primo la mafia italoamericana*, Mondadori, Milano 2002.
GIUSEPPE PITRÈ, *La vita in Palermo cento e più anni fa*, Barbera, Firenze 1944.
ID., *Biblioteca delle tradizioni popolari siciliane*, (1871-1913), Forni, Sala Bolognese 1976.
ID., *Fiabe, novelle e racconti popolari siciliani*, 4 voll., Lauriel, Palermo 1875.
GIUSEPPE QUATRIGLIO, *Il romanzo di Cagliostro*, Rubbettino, Soveria Mannelli (CZ) 2012.
LEONARDO SCIASCIA, *La scomparsa di Majorana*, Adelphi, Milano 1997.
FRANCESCO TERRACINA, *L'ultimo volo per Punta Raisi*, Stampa Alternativa, Viterbo 2012.
MAURIZIO TORREALTA, *Ultimo. Il capitano che arrestò Totò Riina*, Feltrinelli, Milano 1995.
NATALE TURCO e CHRISTIAN MACCARONE, *Il sentimento religioso dei siciliani*, Centro studi storico-sociali siciliani, Catania 2007.
VINCENZO VASILE e VITO LO MONACO, *Pio La Torre*, Flaccovio, Palermo 2012.
SALVO VITALE, *Nel cuore dei coralli. Peppino Impastato, una vita contro la mafia*, Rubbettino, Soveria Mannelli (CZ) 1995.

Indice dei luoghi

Indice dei protagonisti

Indice